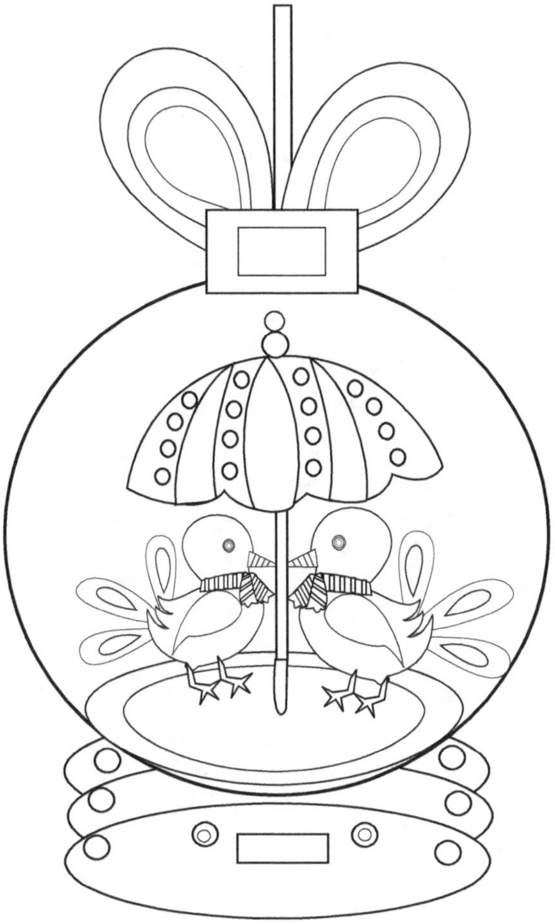

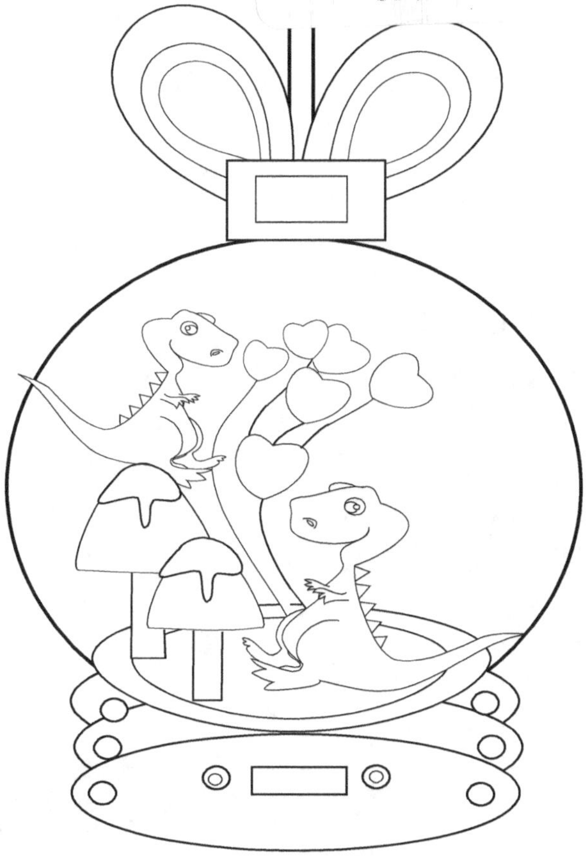

I0465597

THIS BOOK BELONGS
TO

_____

_____

_____

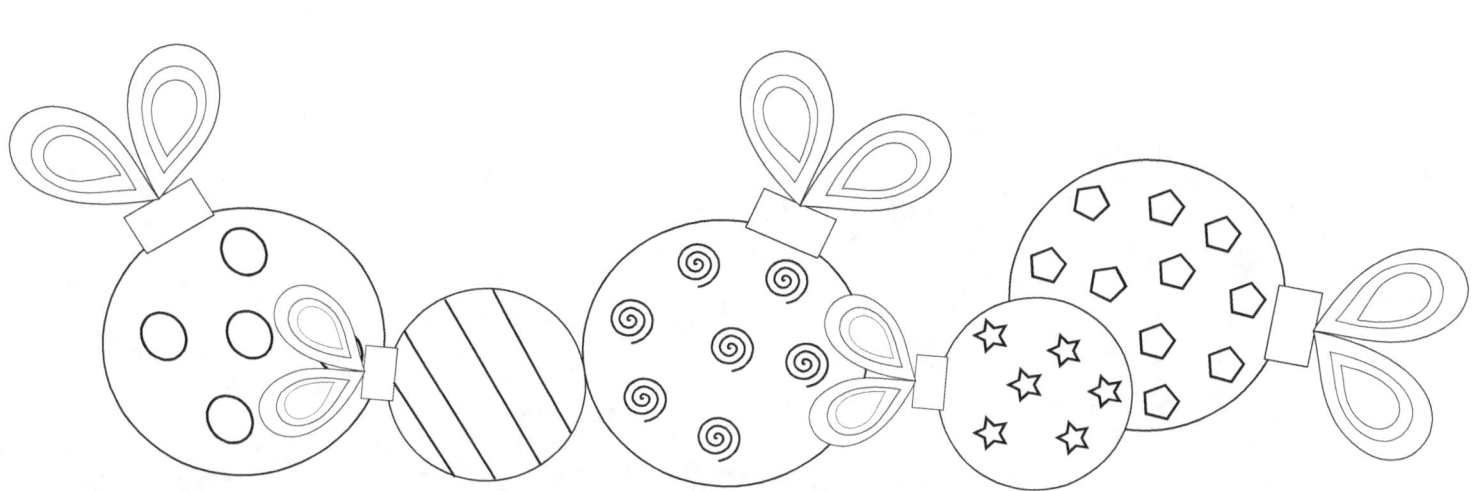

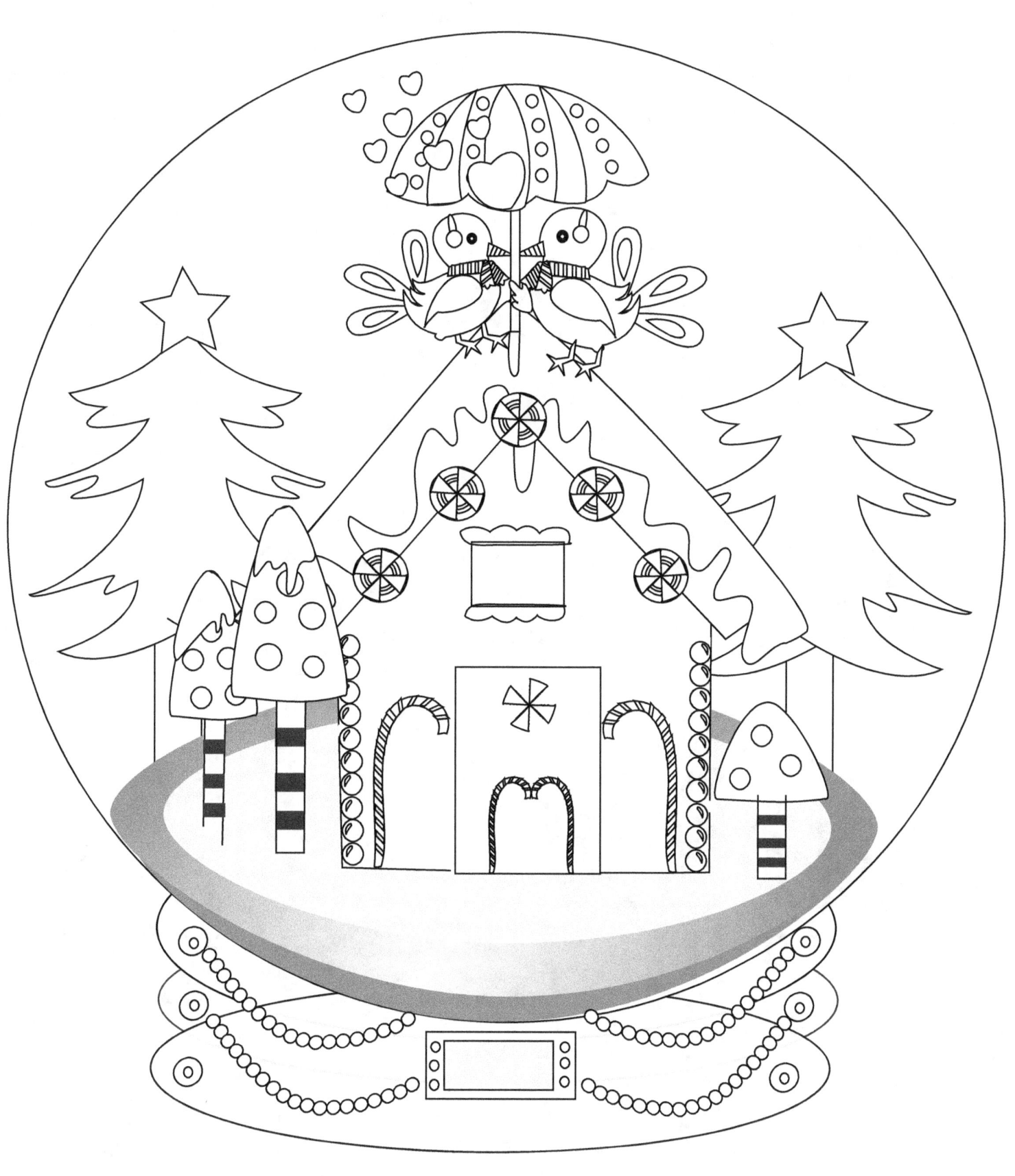

© RUCHI BHARGAVA

SNOW GLOBES

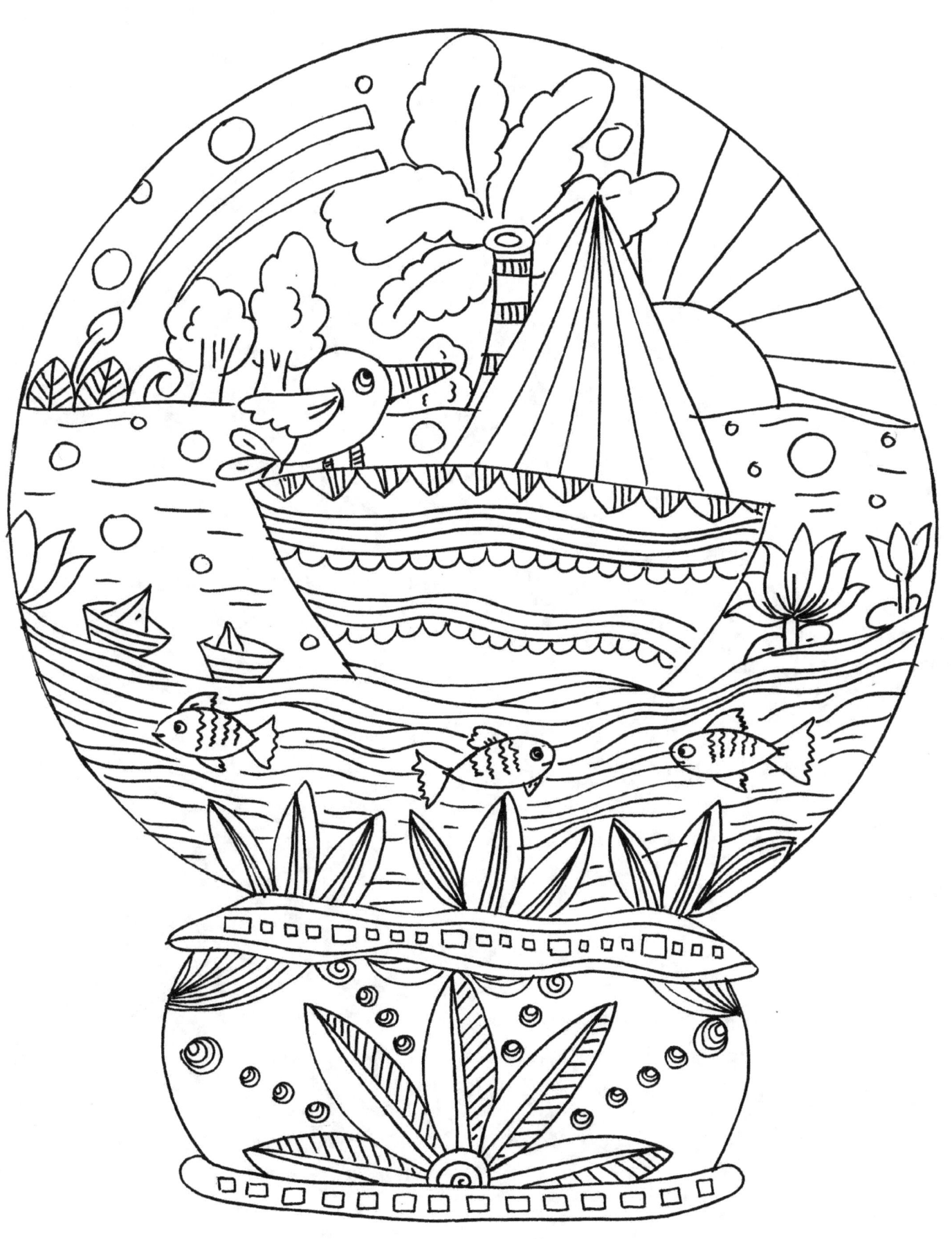

© RUCHI BHARGAVA

SNOW GLOBES

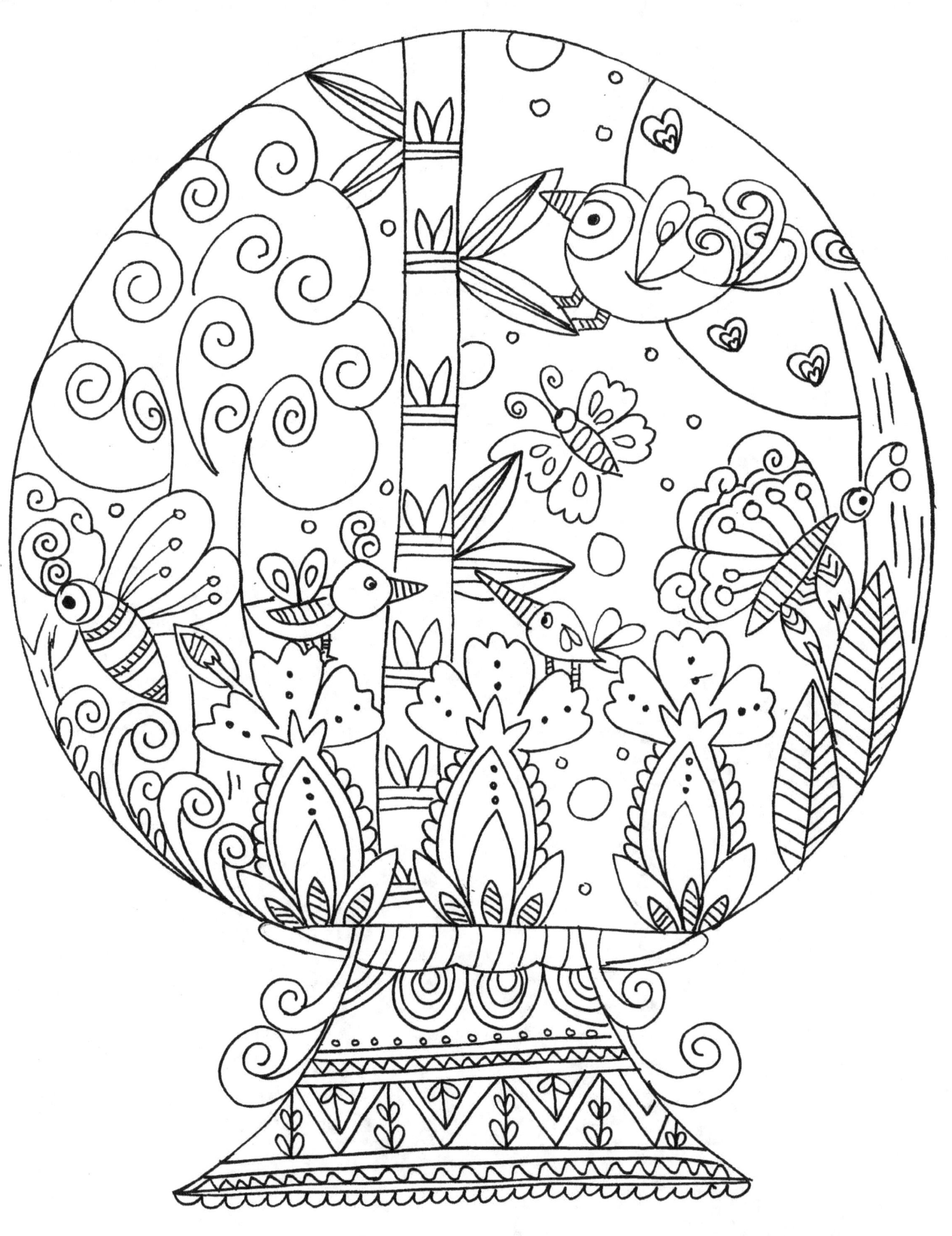

© RUCHI BHARGAVA

SNOW GLOBES

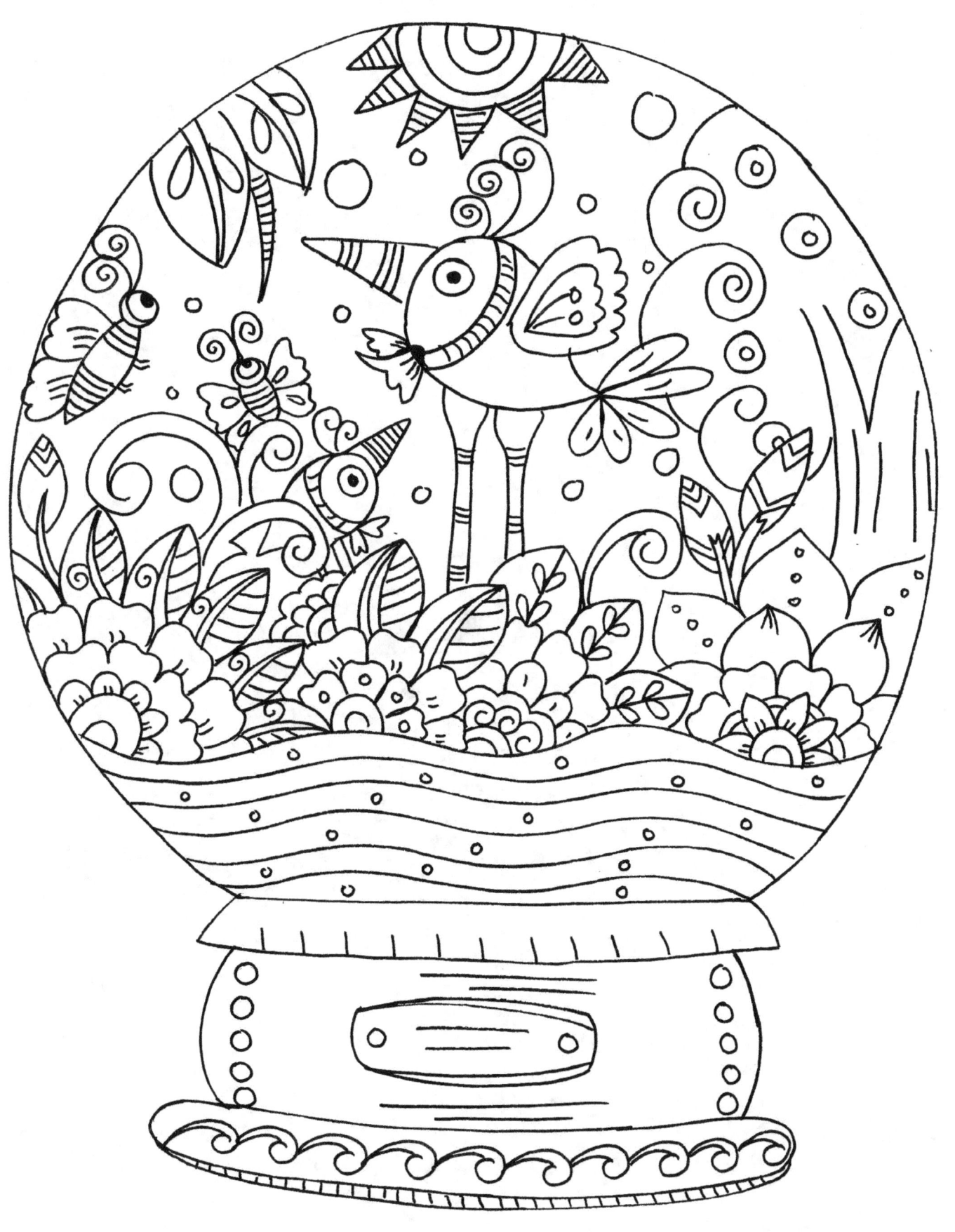

© RUCHI BHARGAVA

SNOW GLOBES

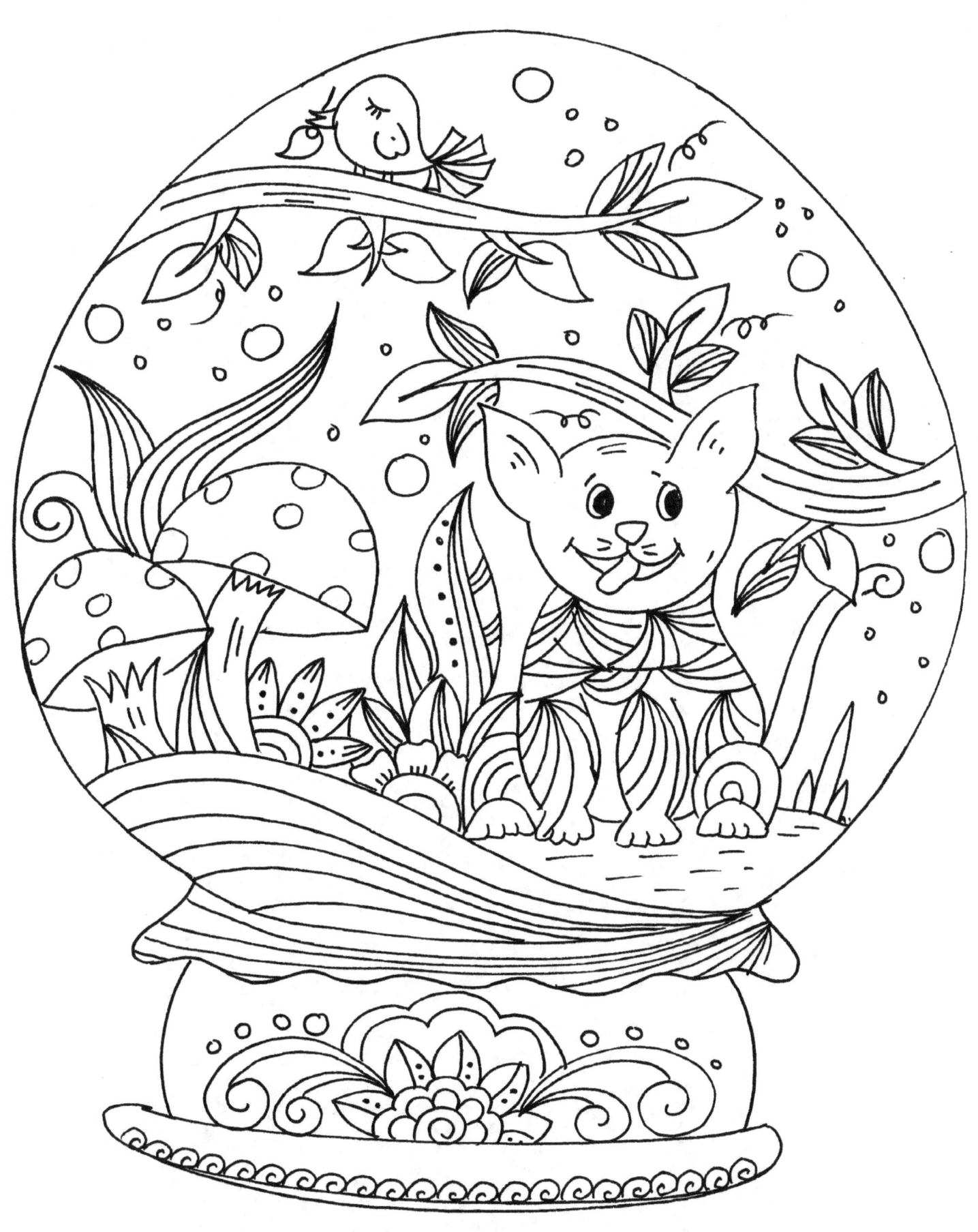

© RUCHI BHARGAVA

SNOW GLOBES

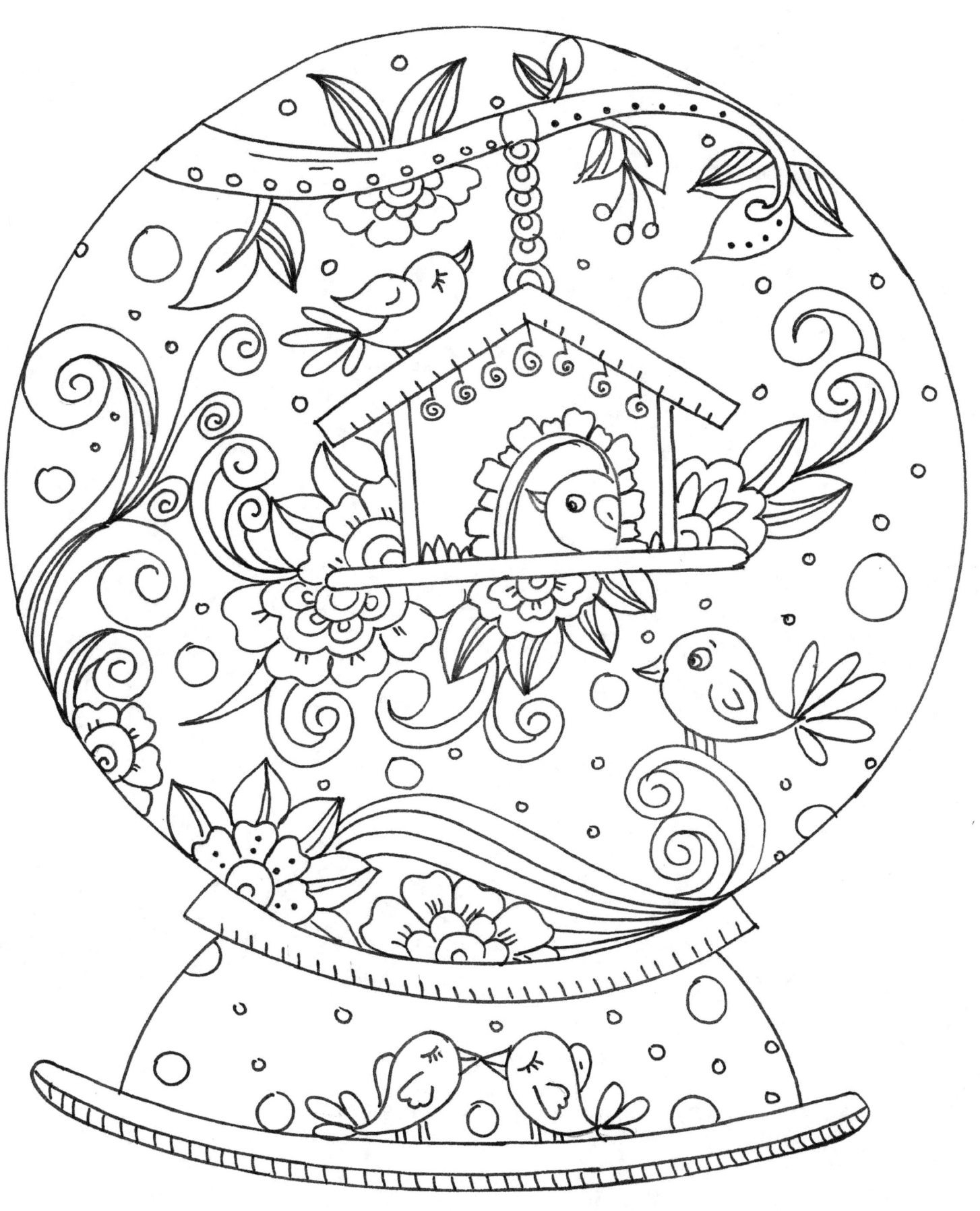

© RUCHI BHARGAVA

SNOW GLOBES

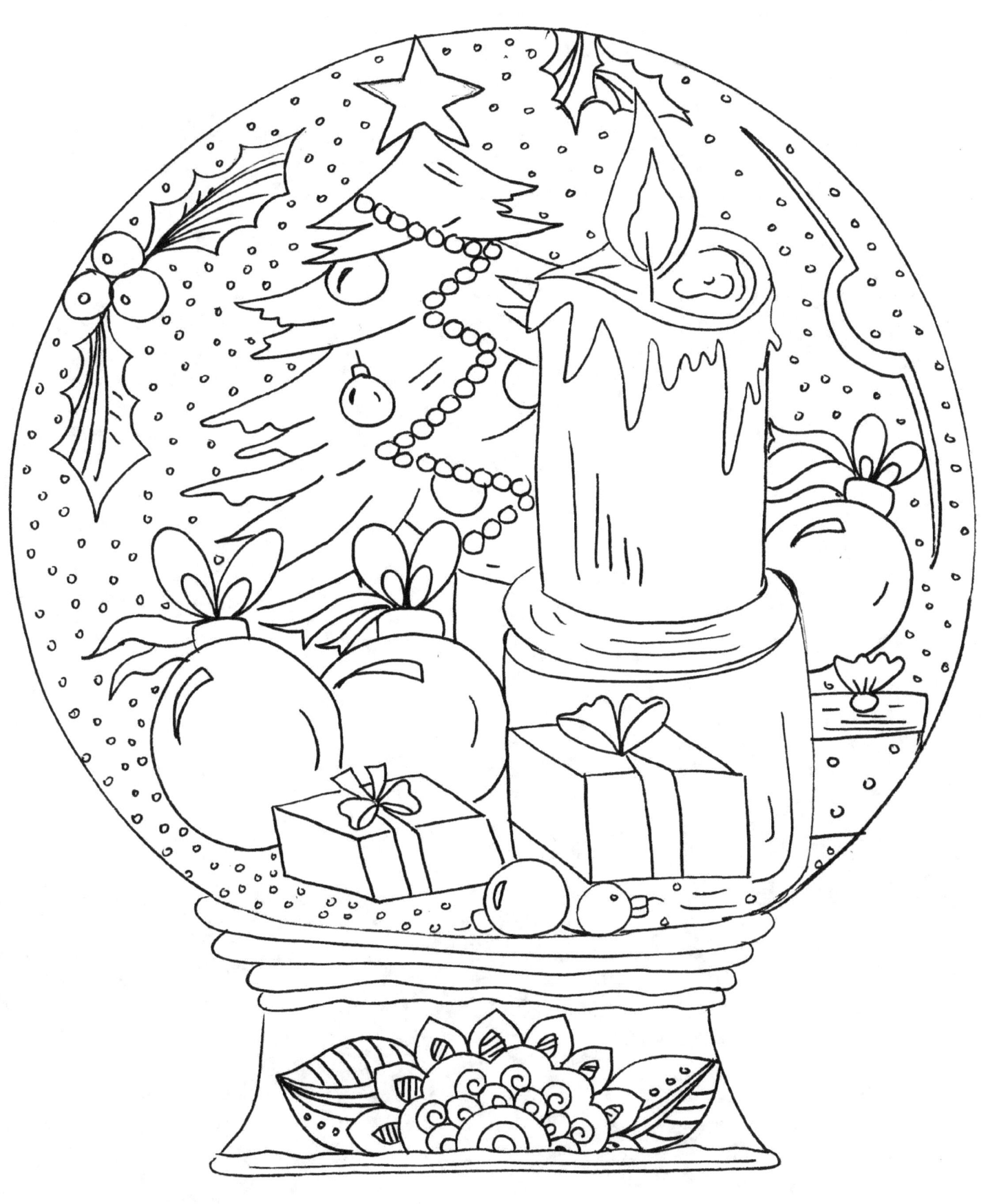

© RUCHI BHARGAVA

SNOW GLOBES

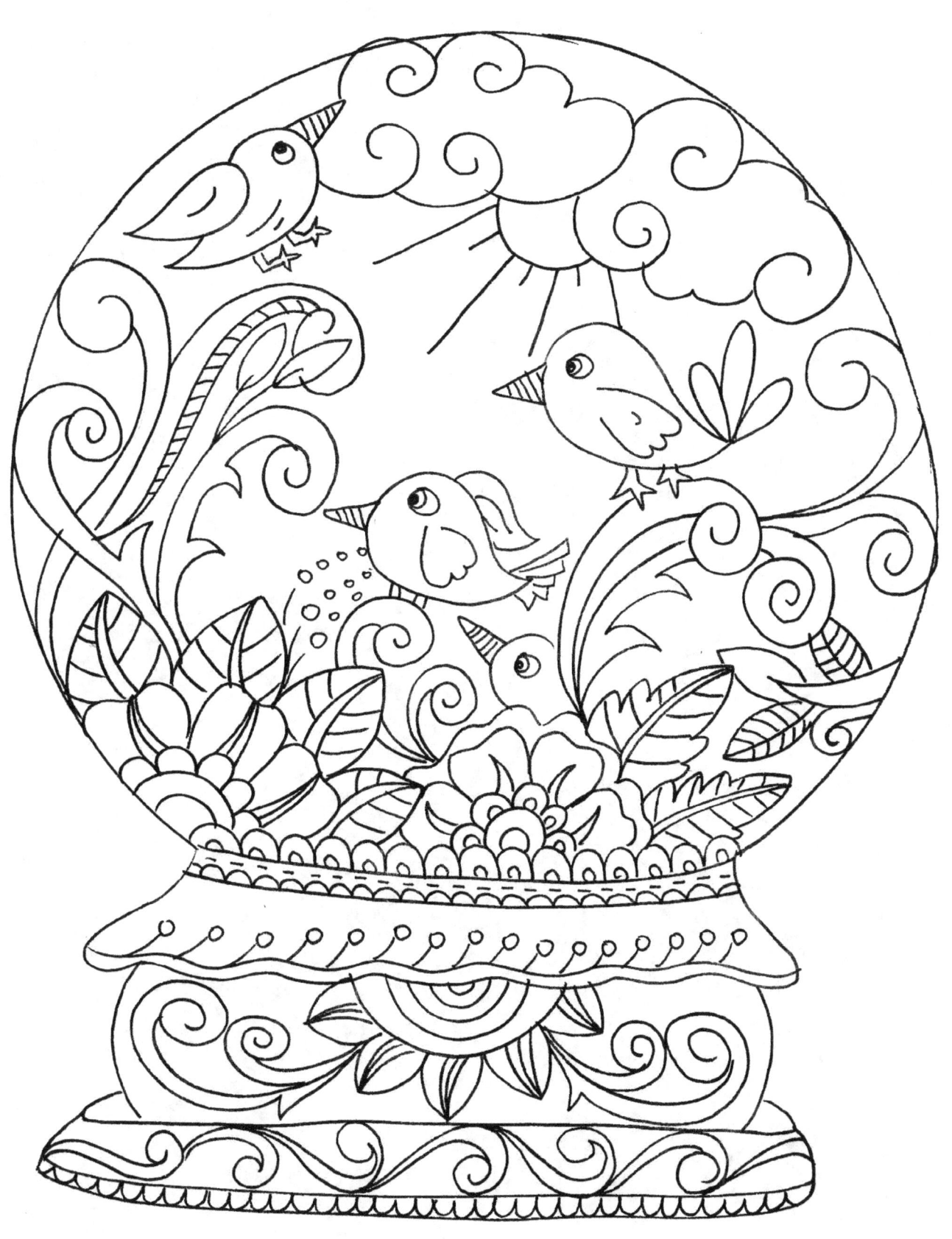

© RUCHI BHARGAVA

SNOW GLOBES

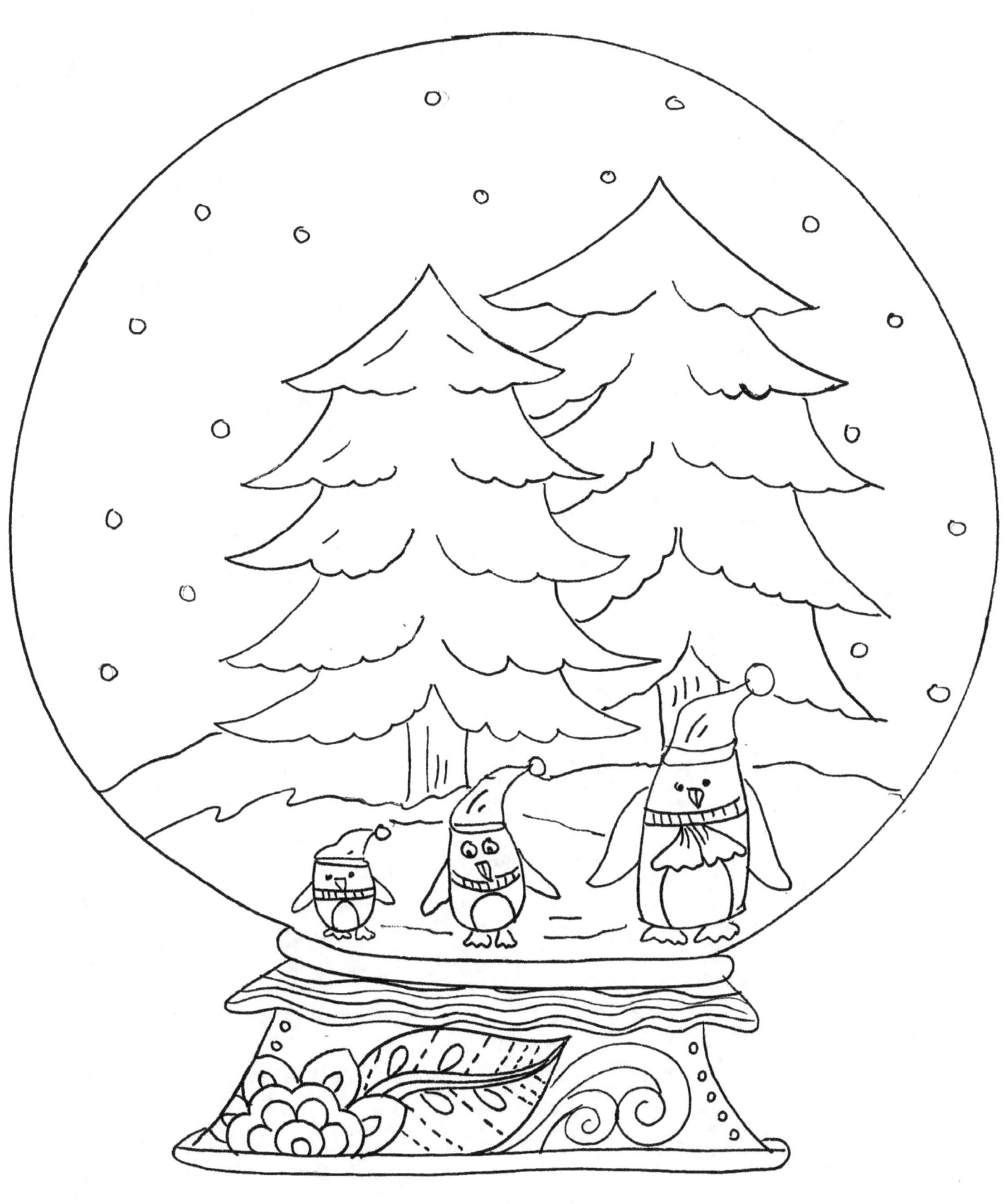

© RUCHI BHARGAVA

SNOW GLOBES

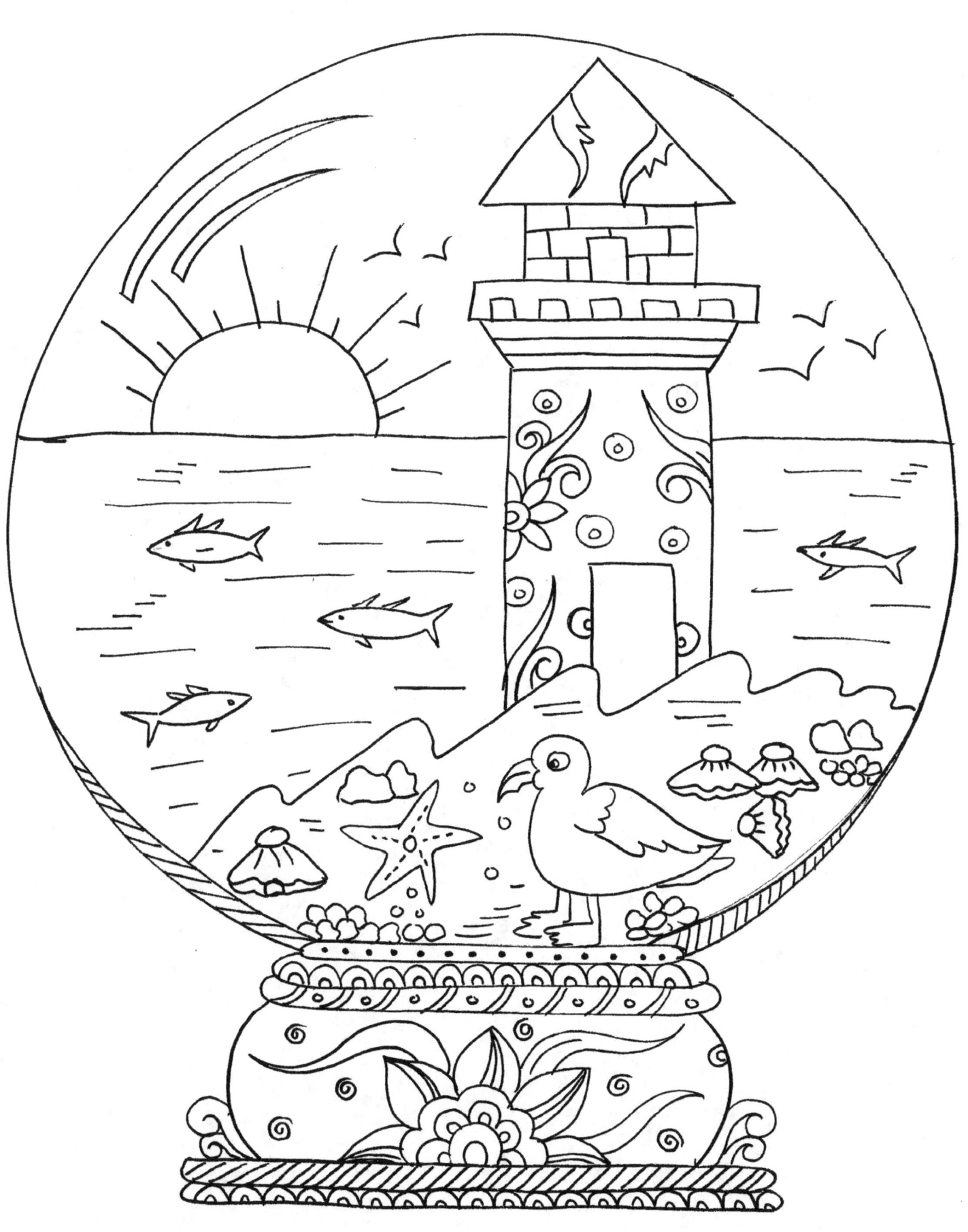

© RUCHI BHARGAVA

SNOW GLOBES

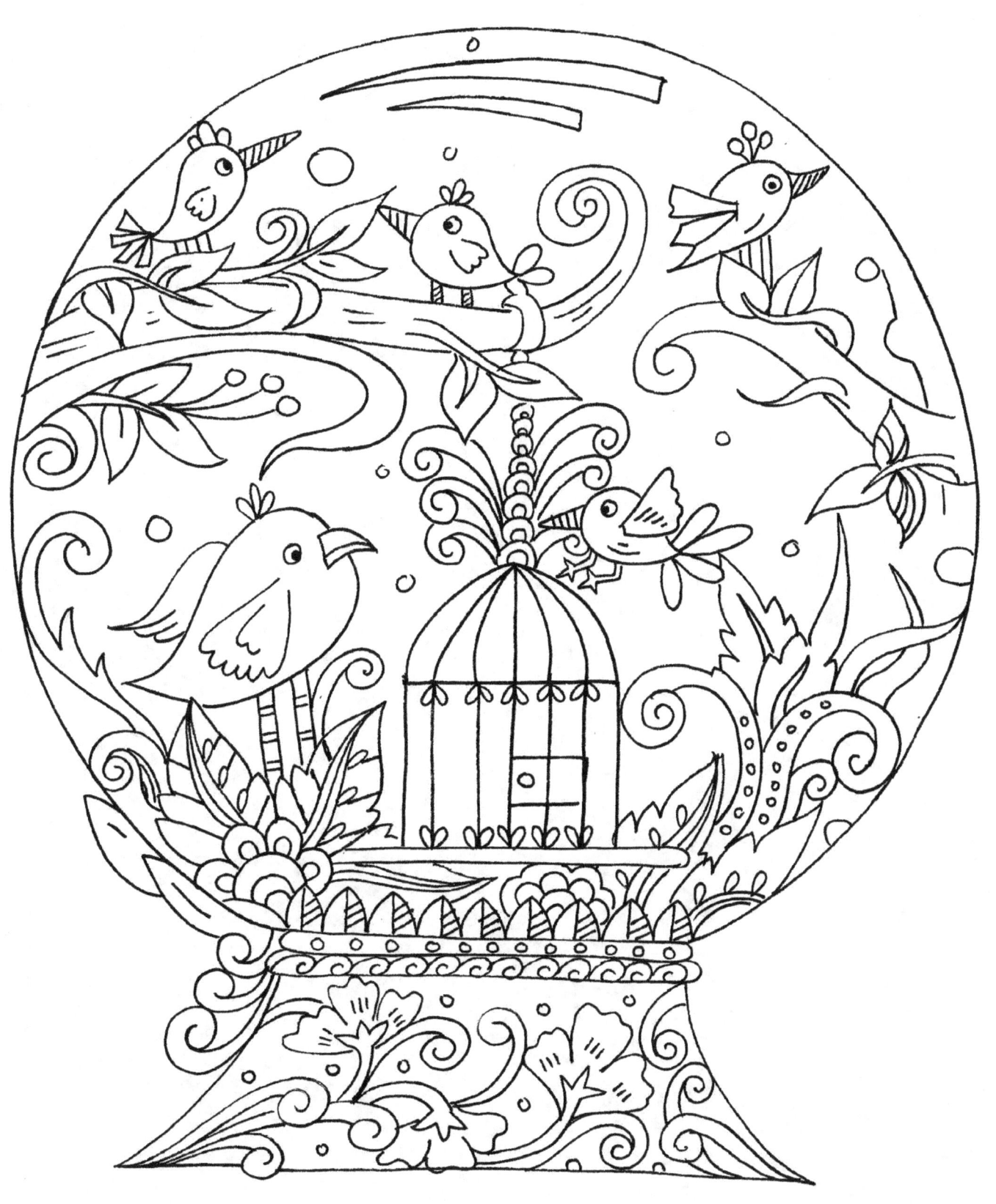

©RUCHI BHARGAVA

SNOW GLOBES

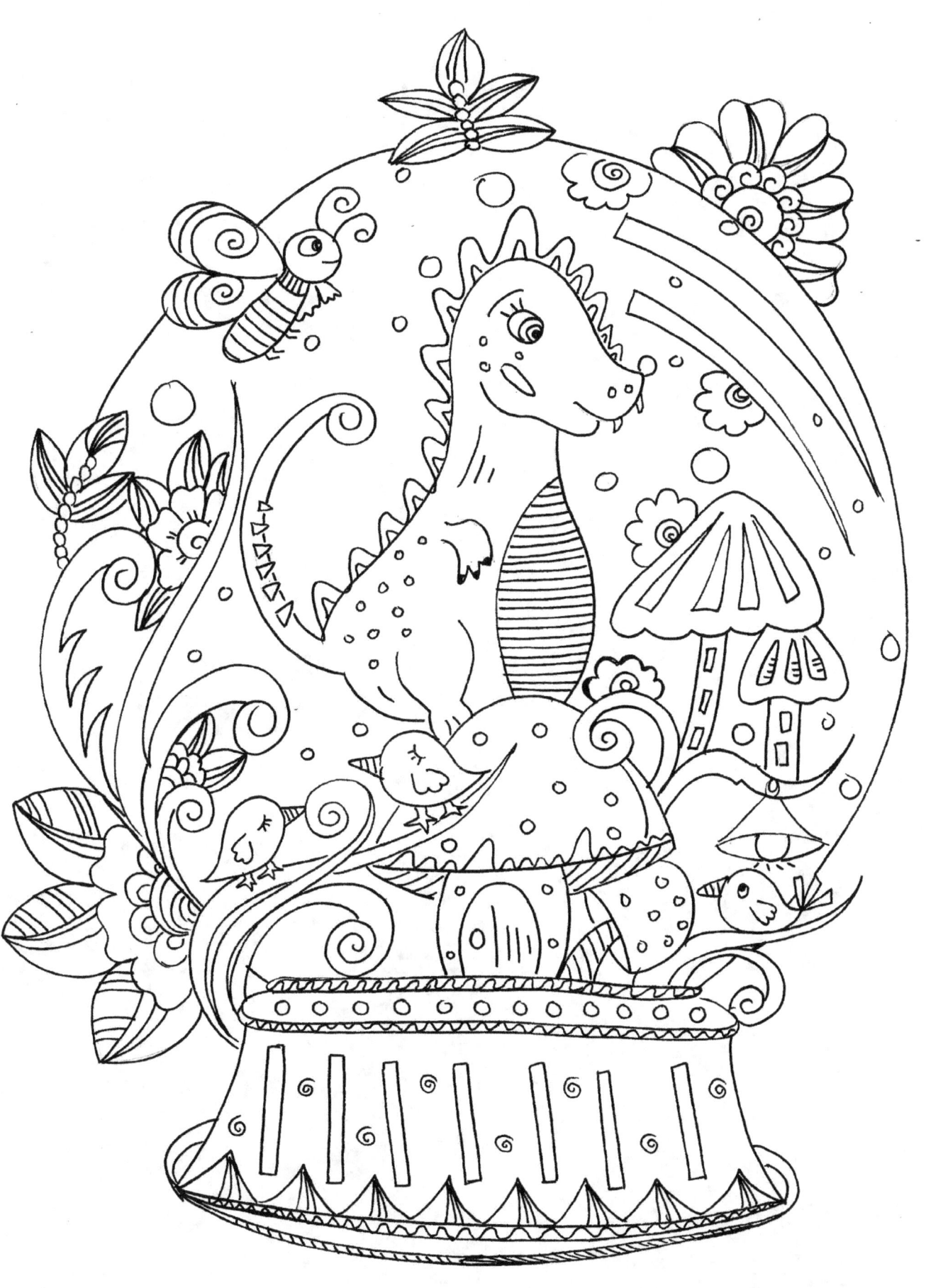

© RUCHI BHARGAVA

SNOW GLOBES

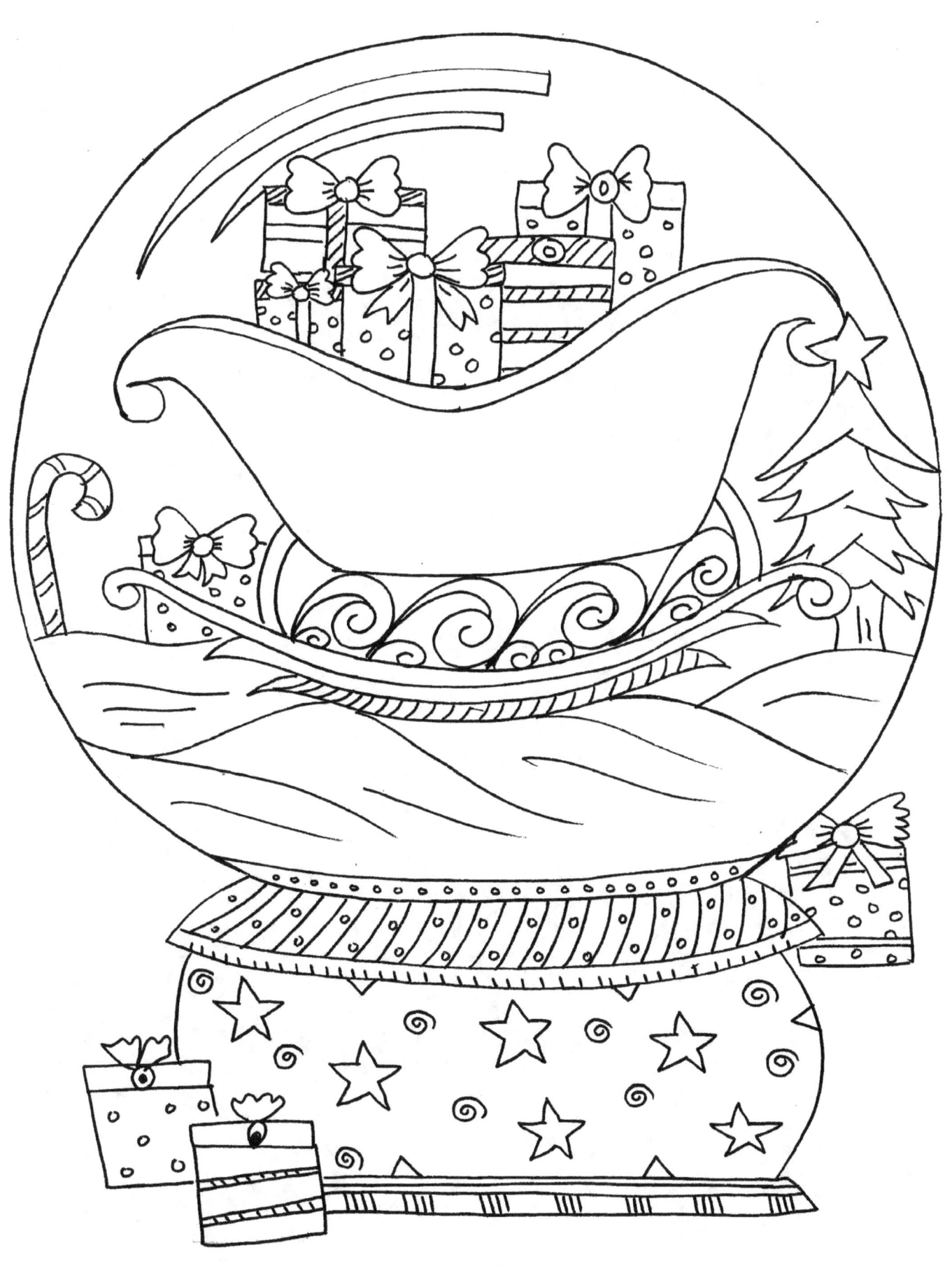

© RUCHI BHARGAVA

SNOW GLOBES

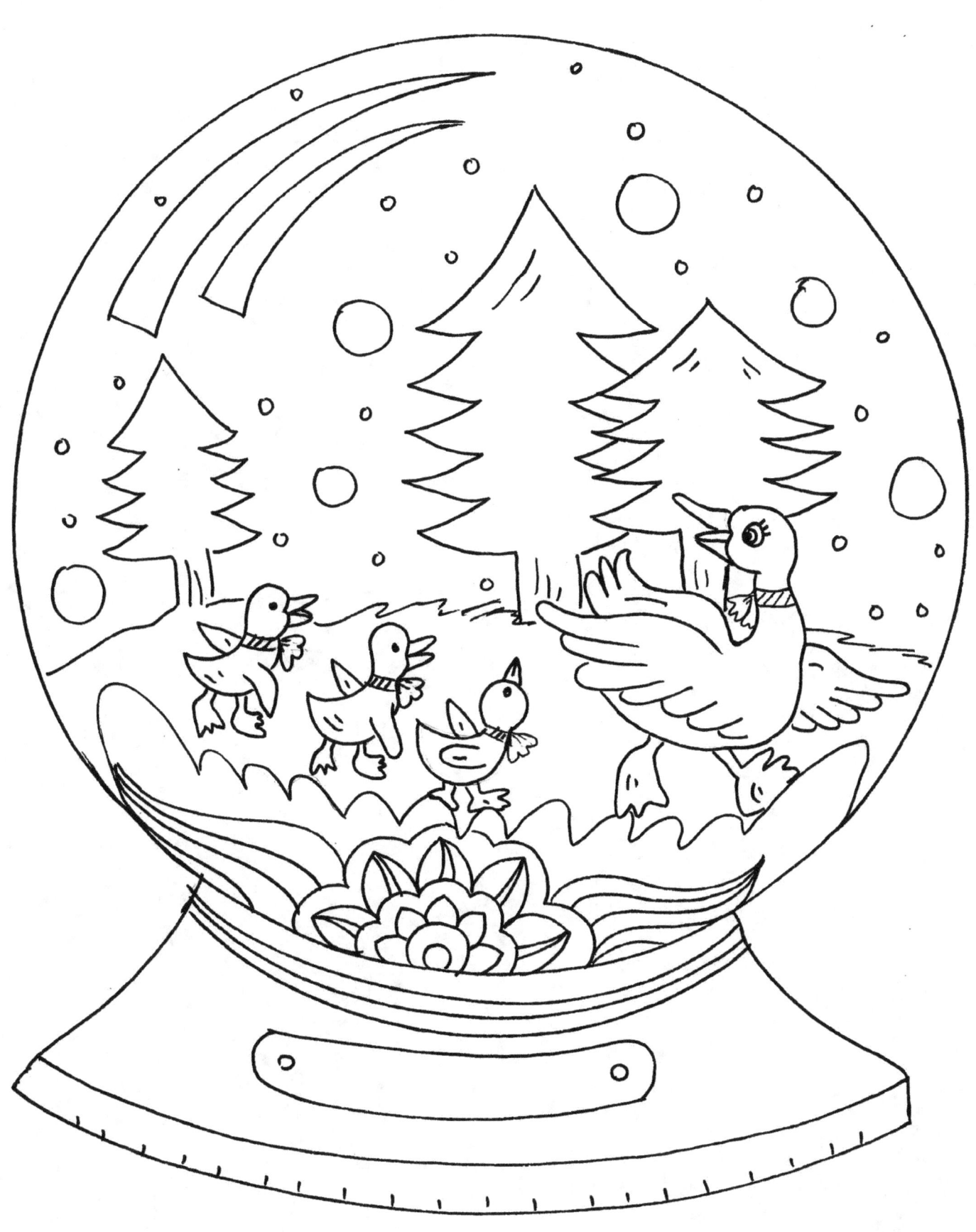

© RUCHI BHARGAVA

SNOW GLOBES

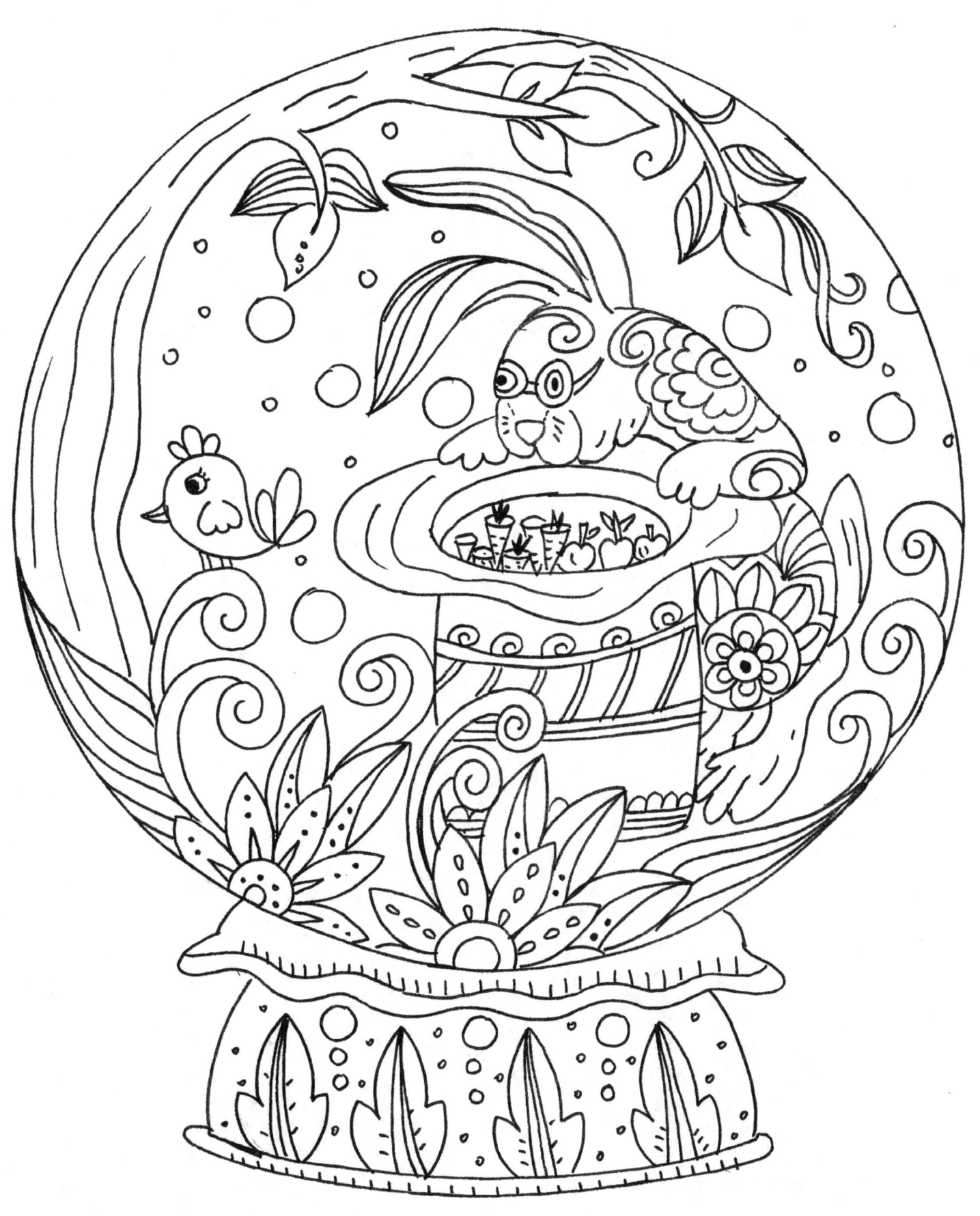

© RUCHI BHARGAVA

SNOW GLOBES

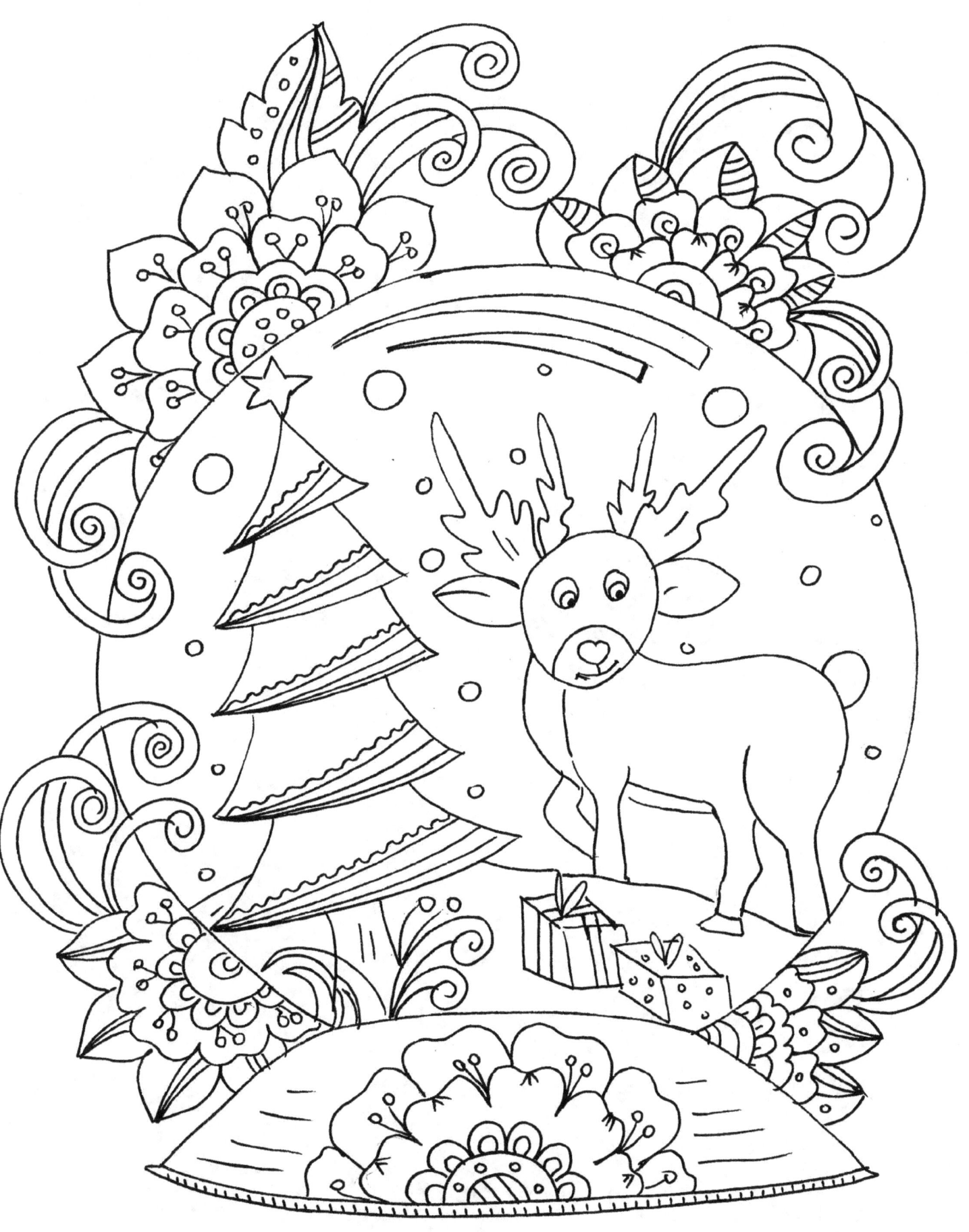

© RUCHI BHARGAVA

SNOW GLOBES

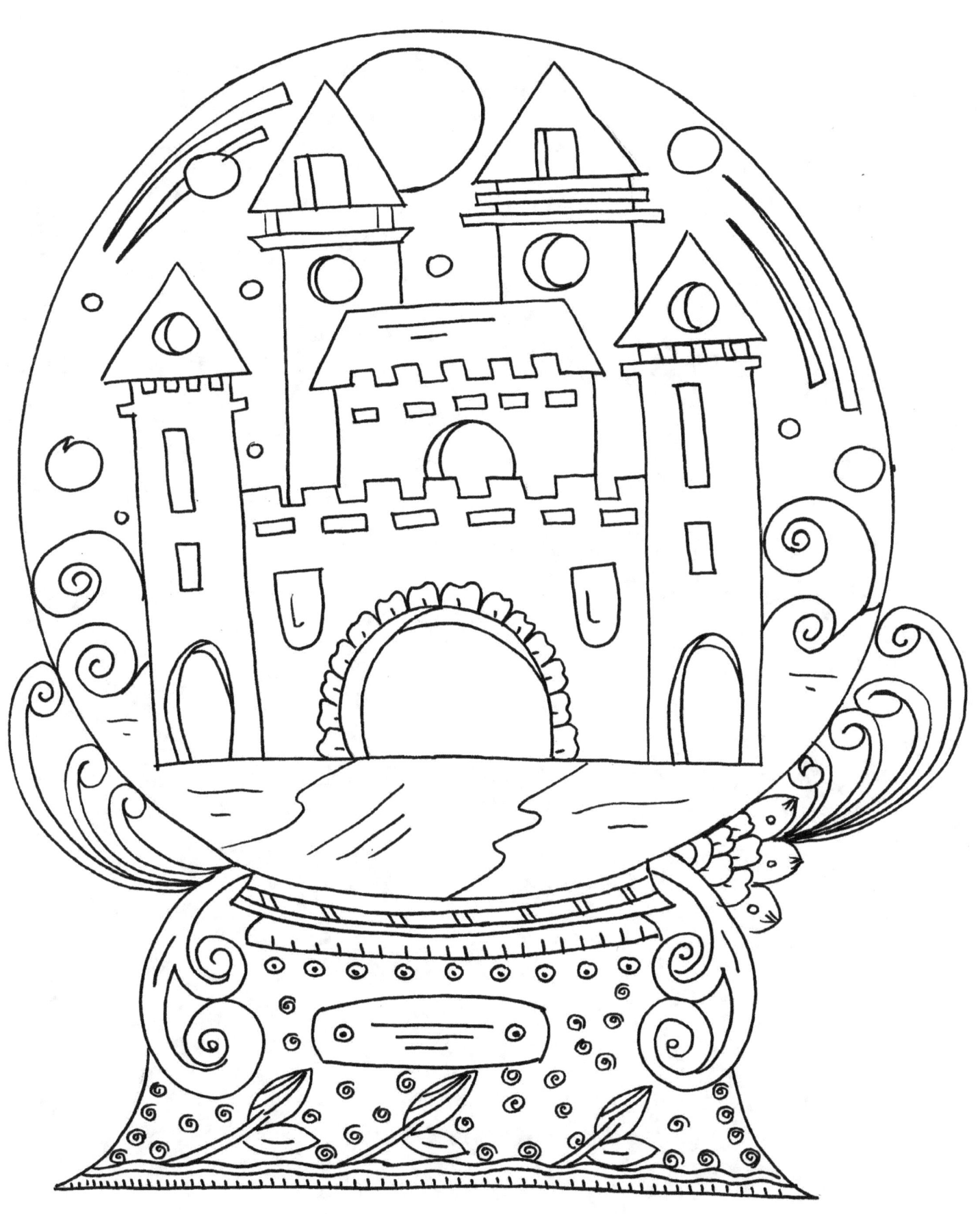

© RUCHI BHARGAVA

SNOW GLOBES

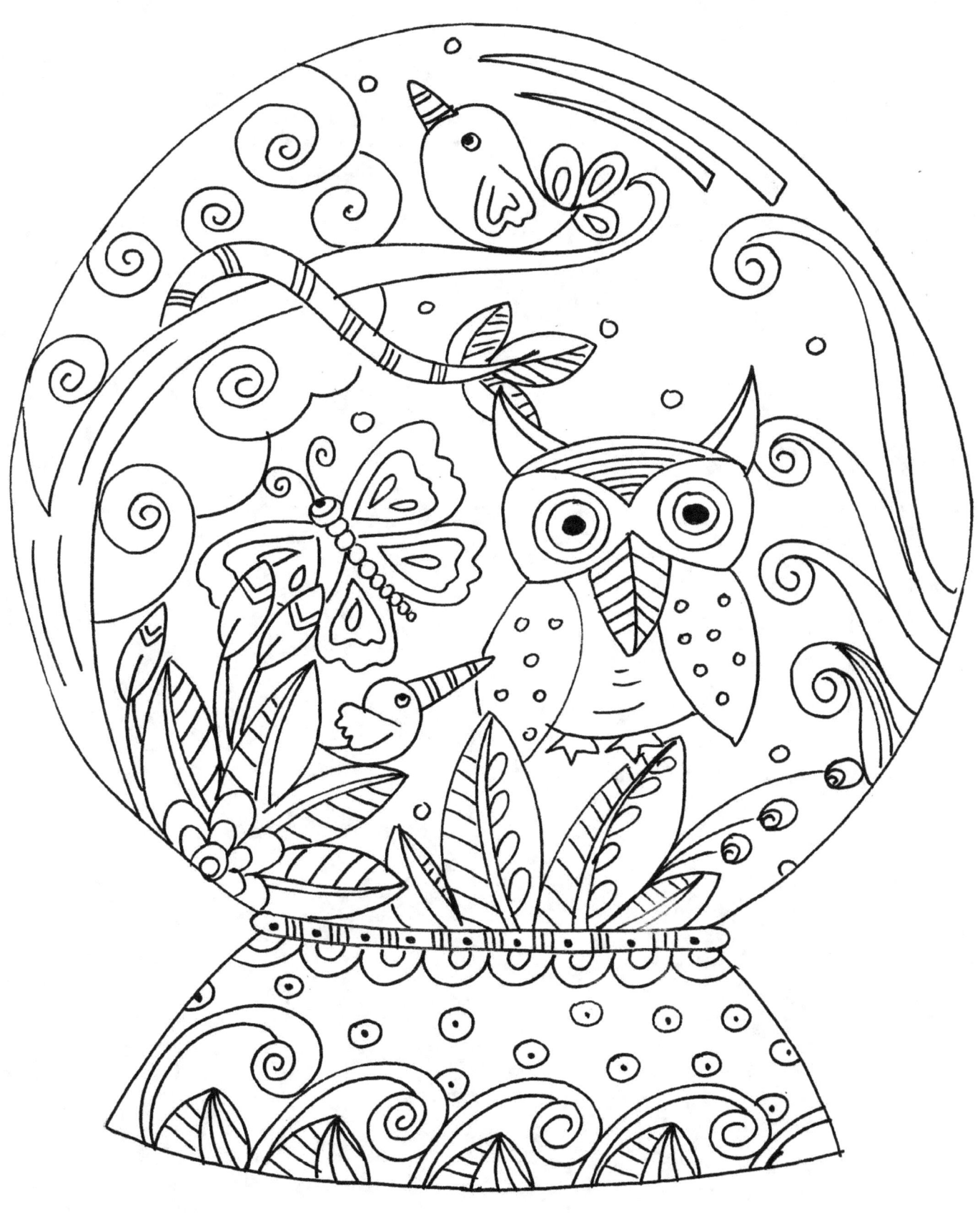

©RUCHI BHARGAVA

SNOW GLOBES

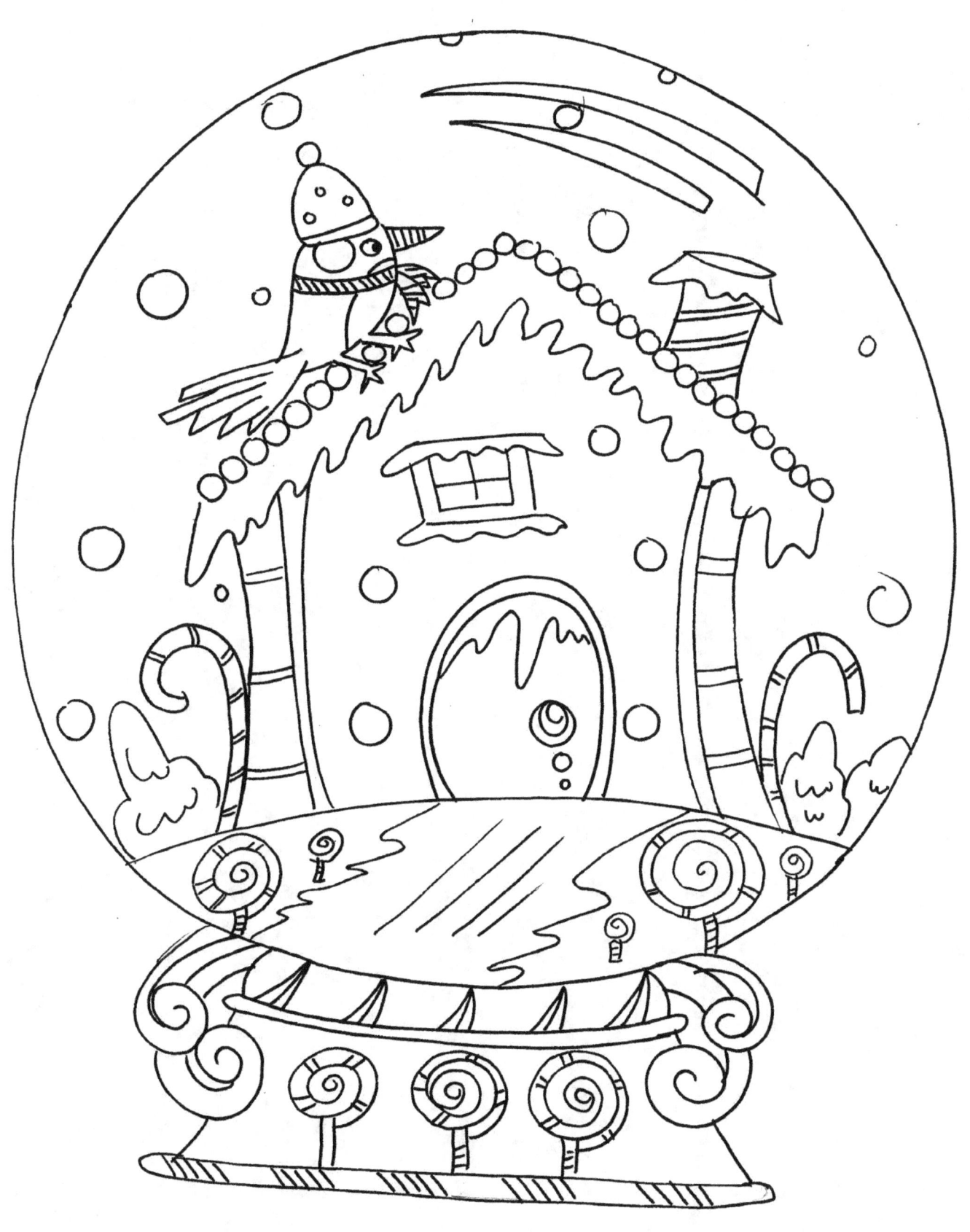

© RUCHI BHARGAVA

SNOW GLOBES

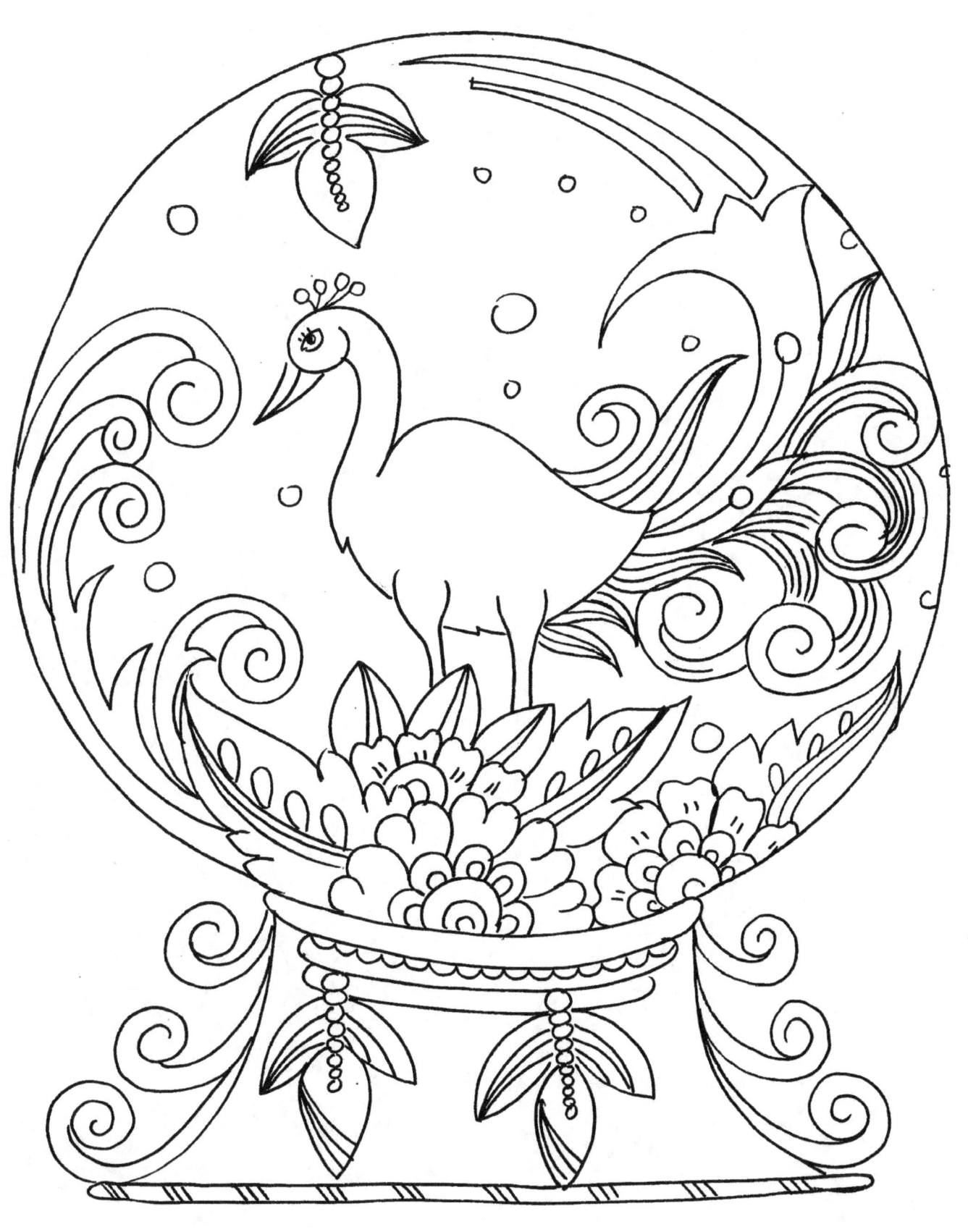

© RUCHI BHARGAVA

SNOW GLOBES

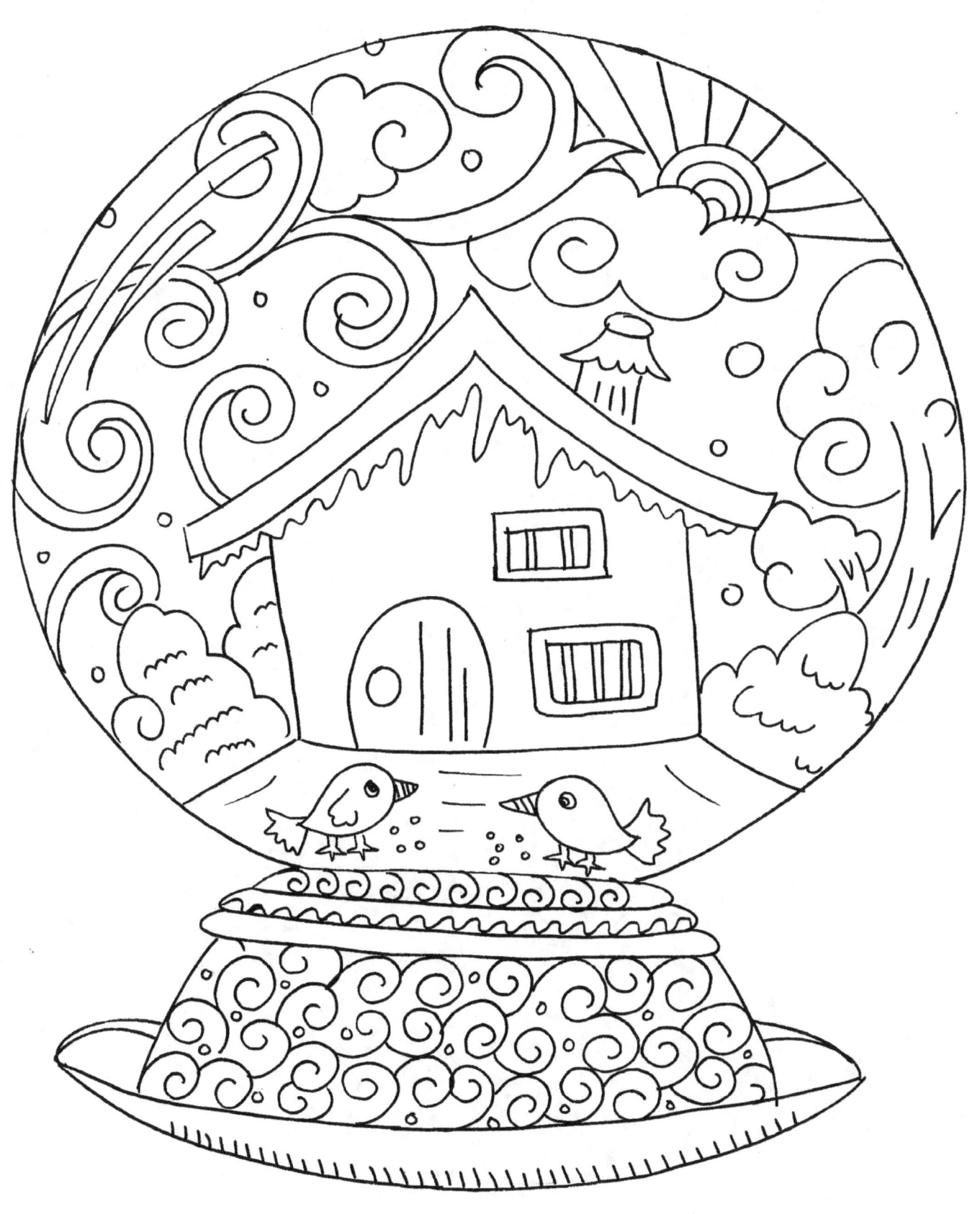

© RUCHI BHARGAVA

SNOW GLOBES

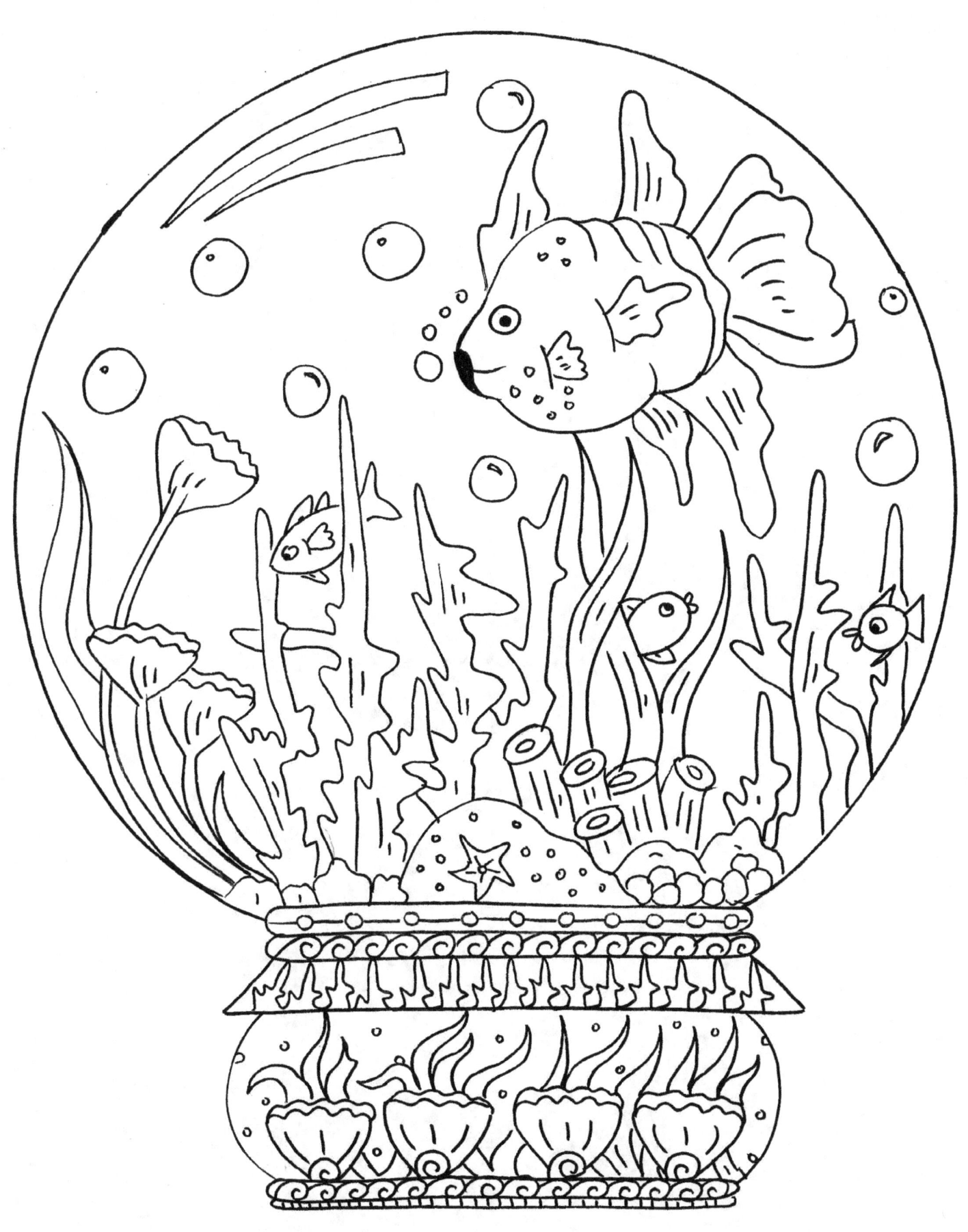

© RUCHI BHARGAVA

SNOW GLOBES

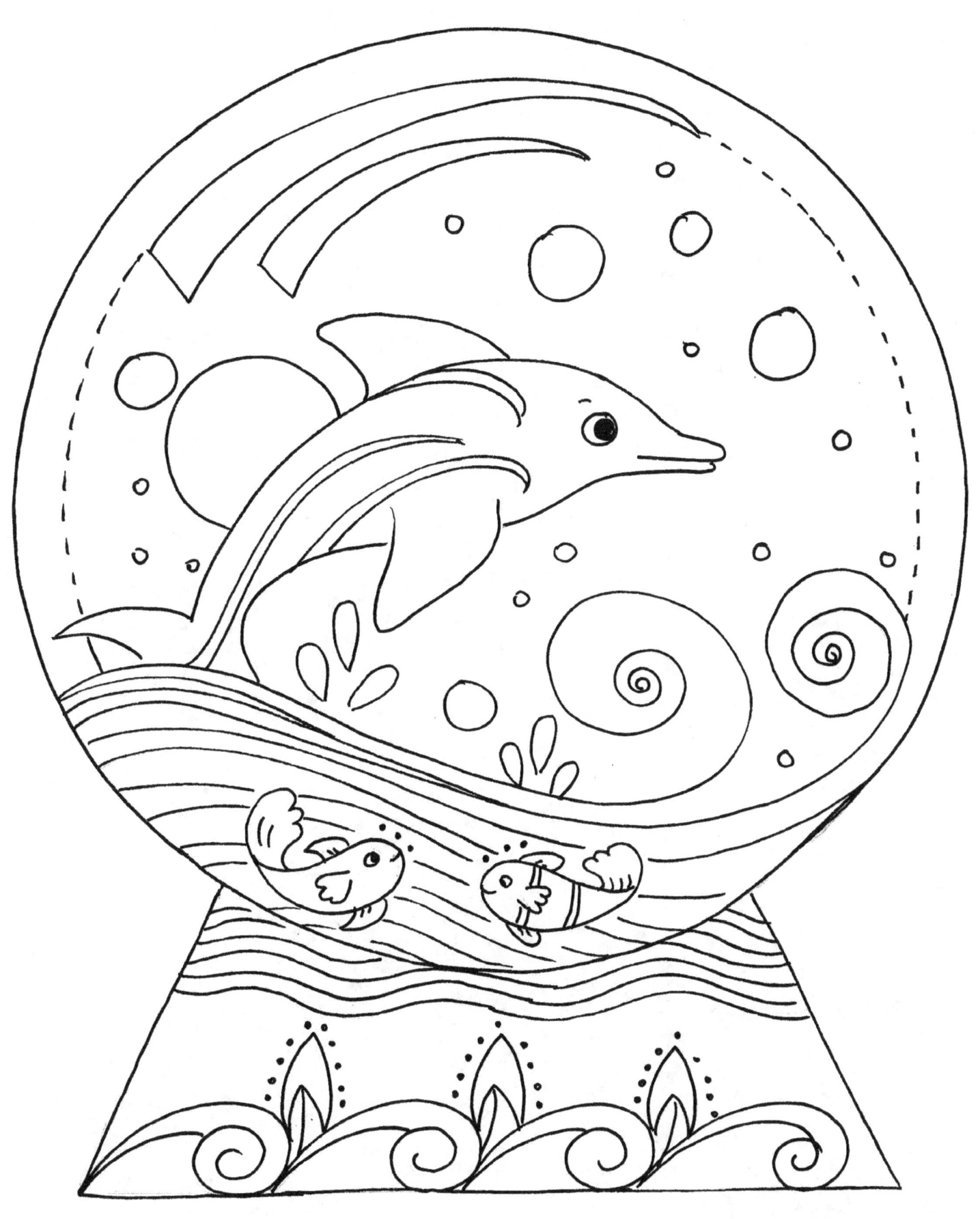

© RUCHI BHARGAVA

SNOW GLOBES

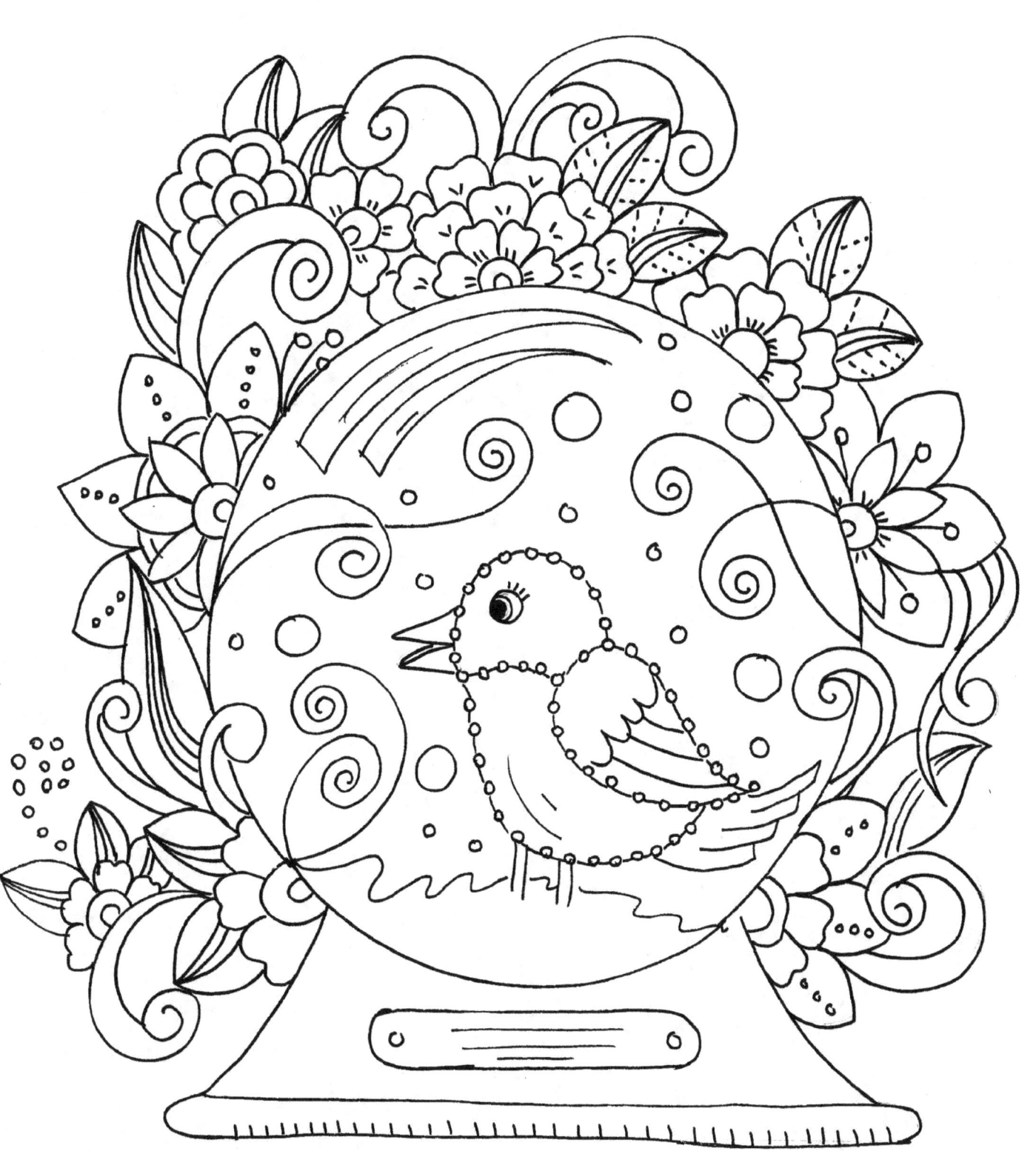

© RUCHI BHARGAVA

SNOW GLOBES

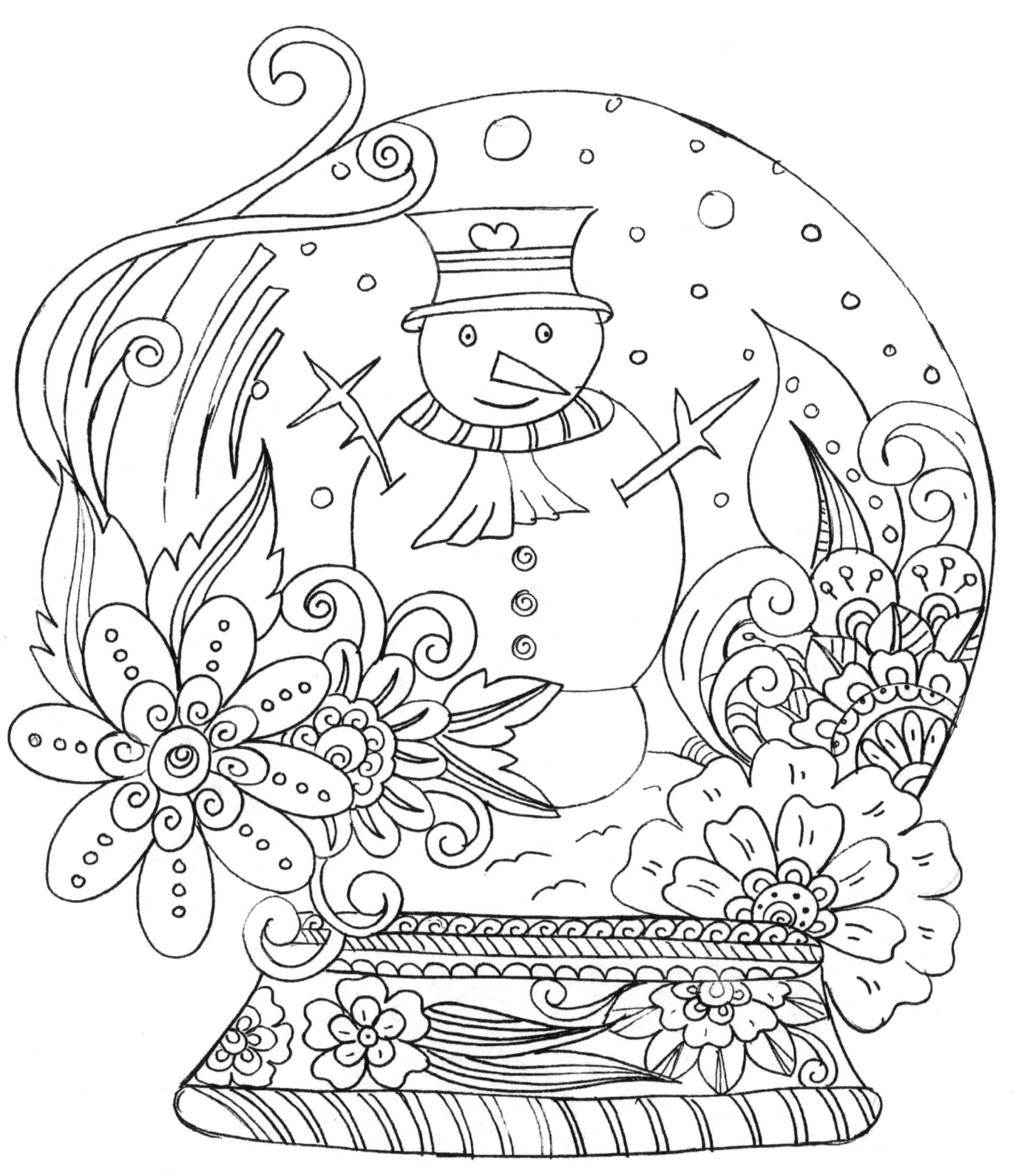

© RUCHI BHARGAVA

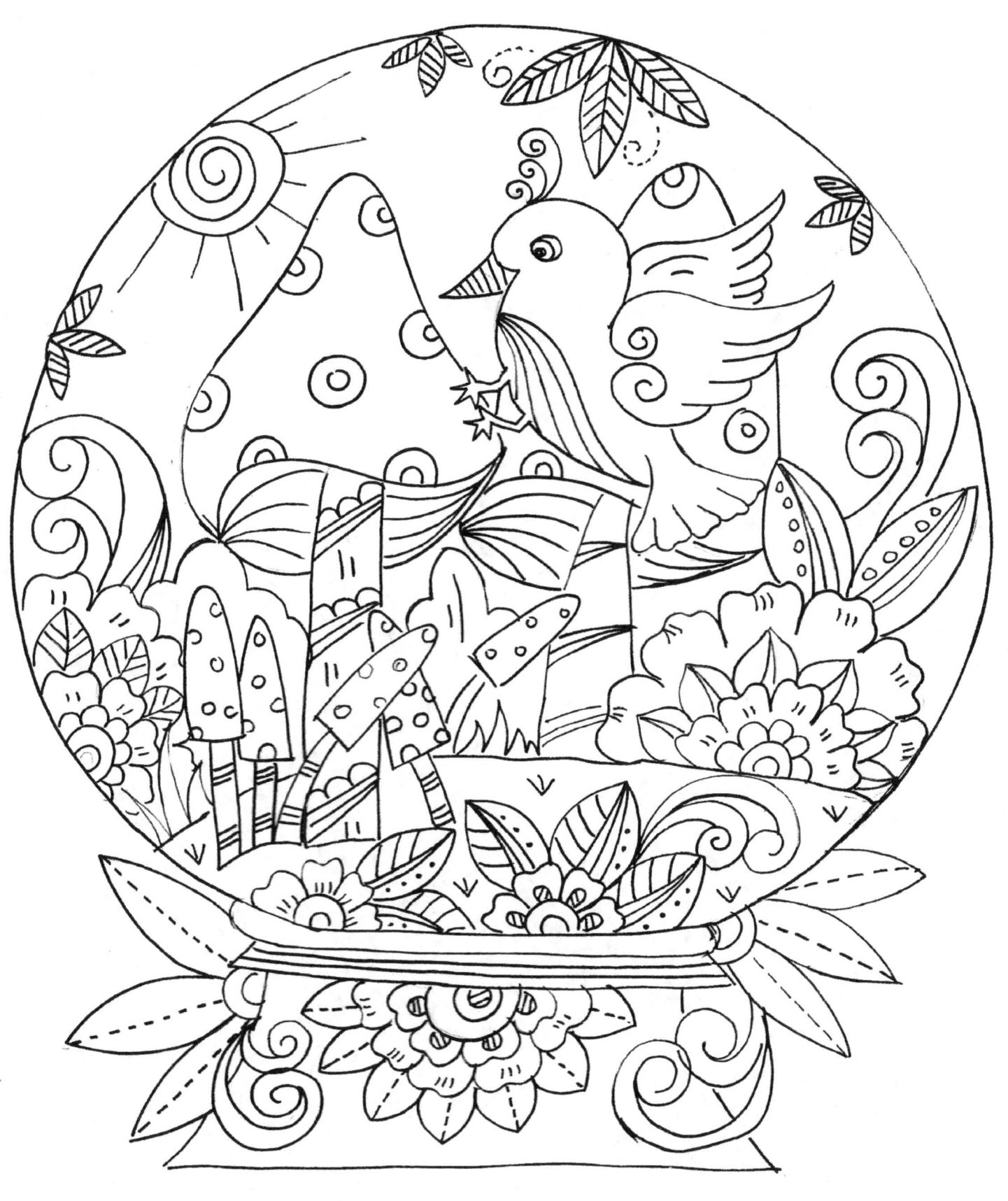

© RUCHI BHARGAVA

SNOW GLOBES

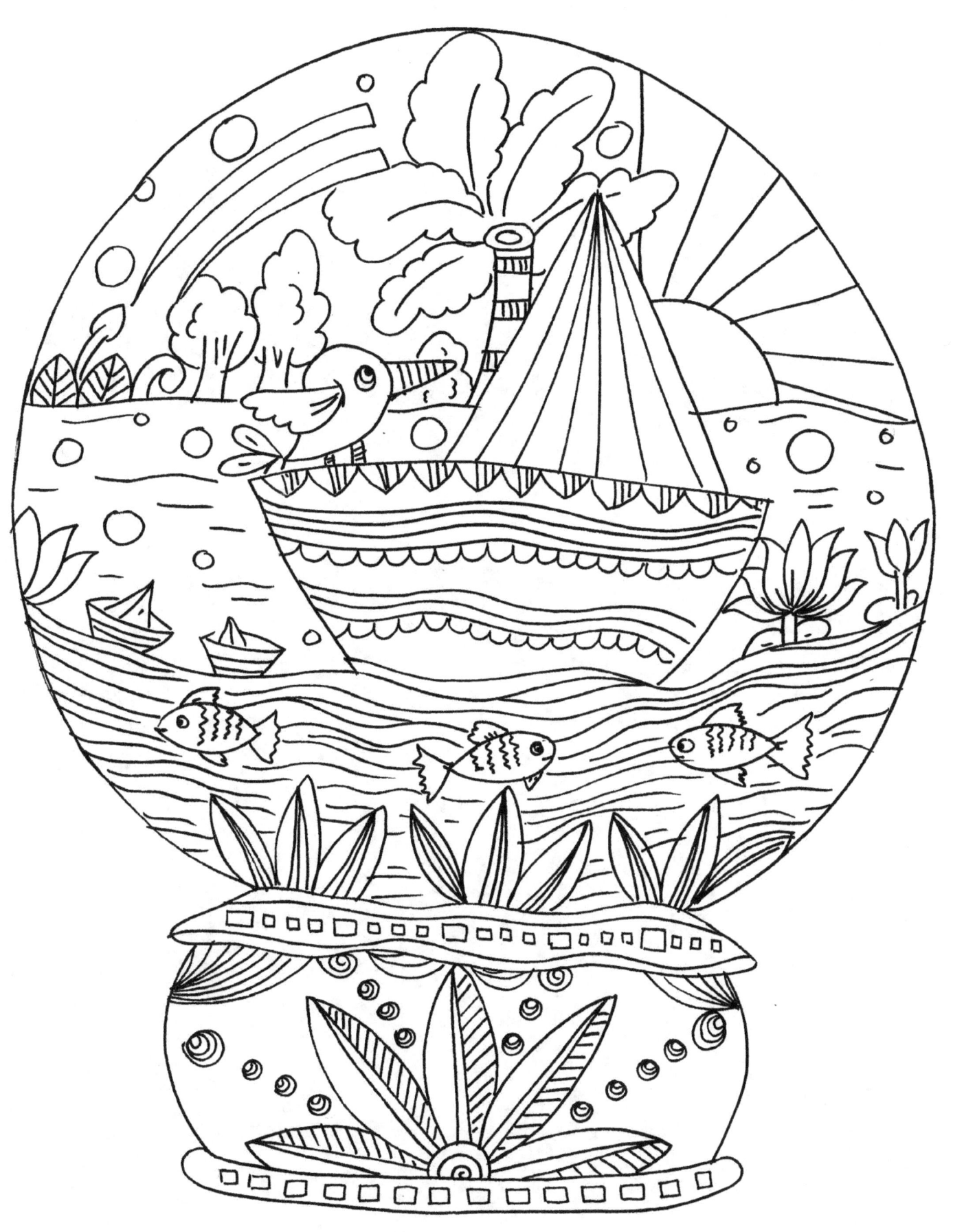

© RUCHI BHARGAVA

SNOW GLOBES

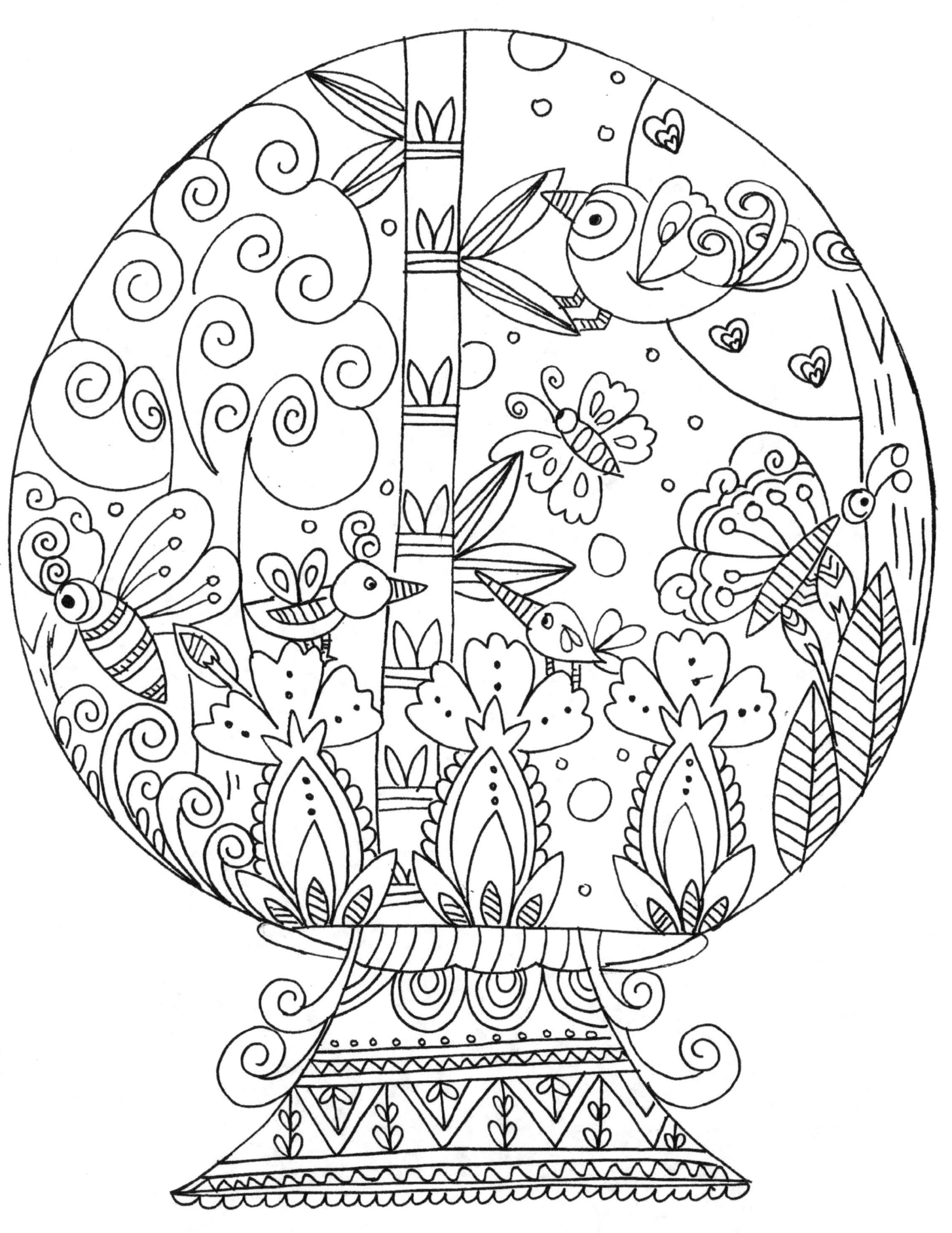

© RUCHI BHARGAVA

SNOW GLOBES

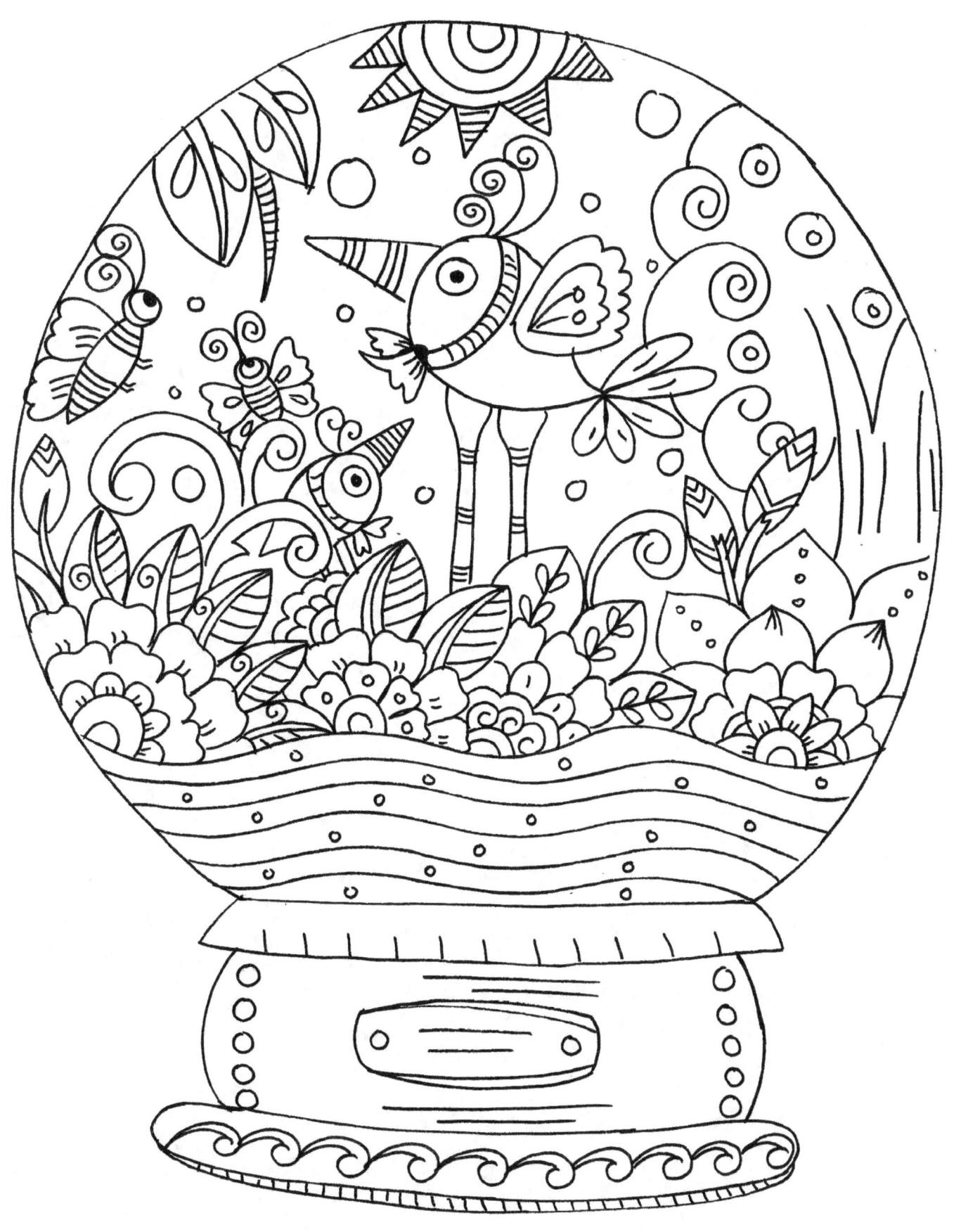

© RUCHI BHARGAVA

SNOW GLOBES

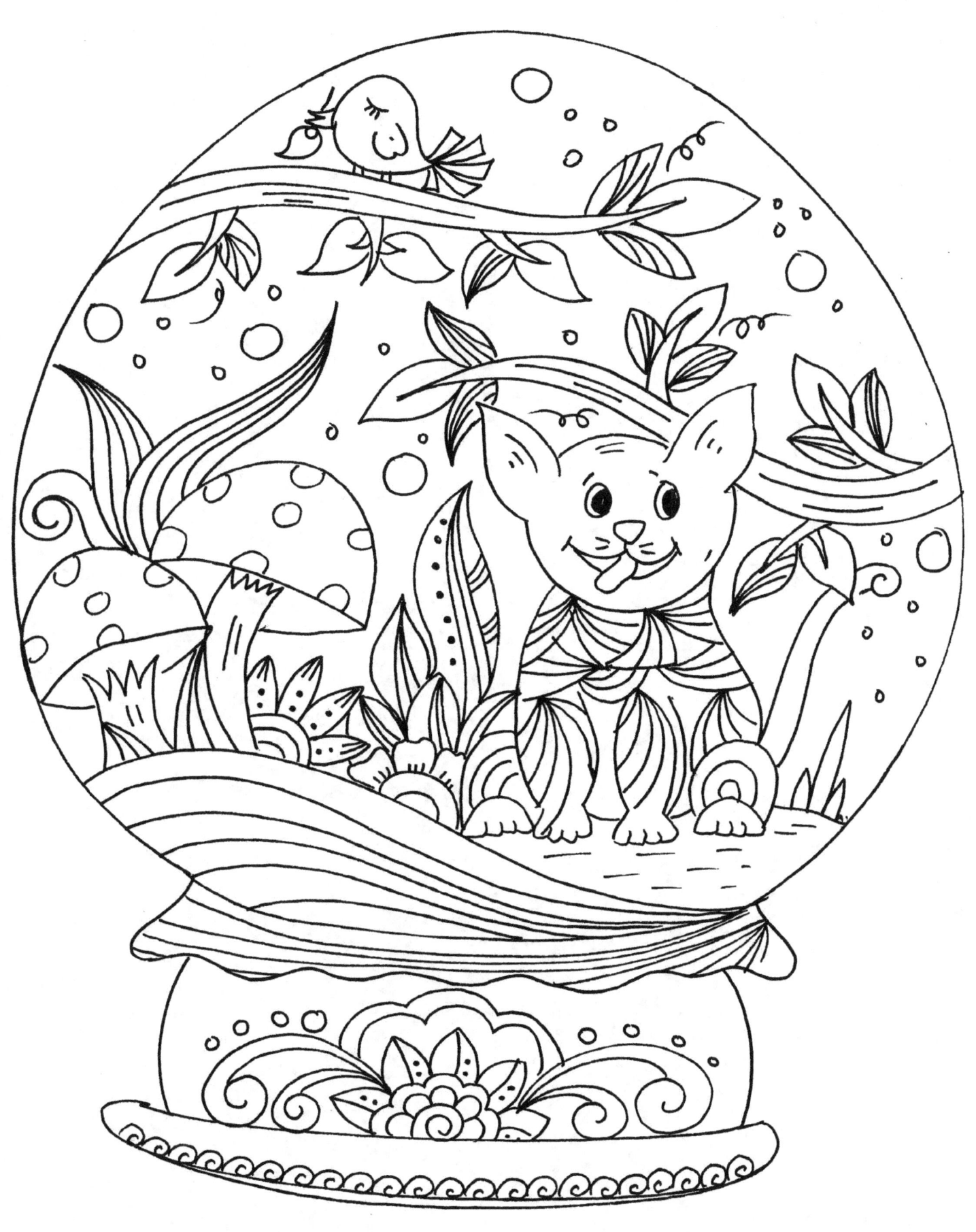

© RUCHI BHARGAVA

SNOW GLOBES

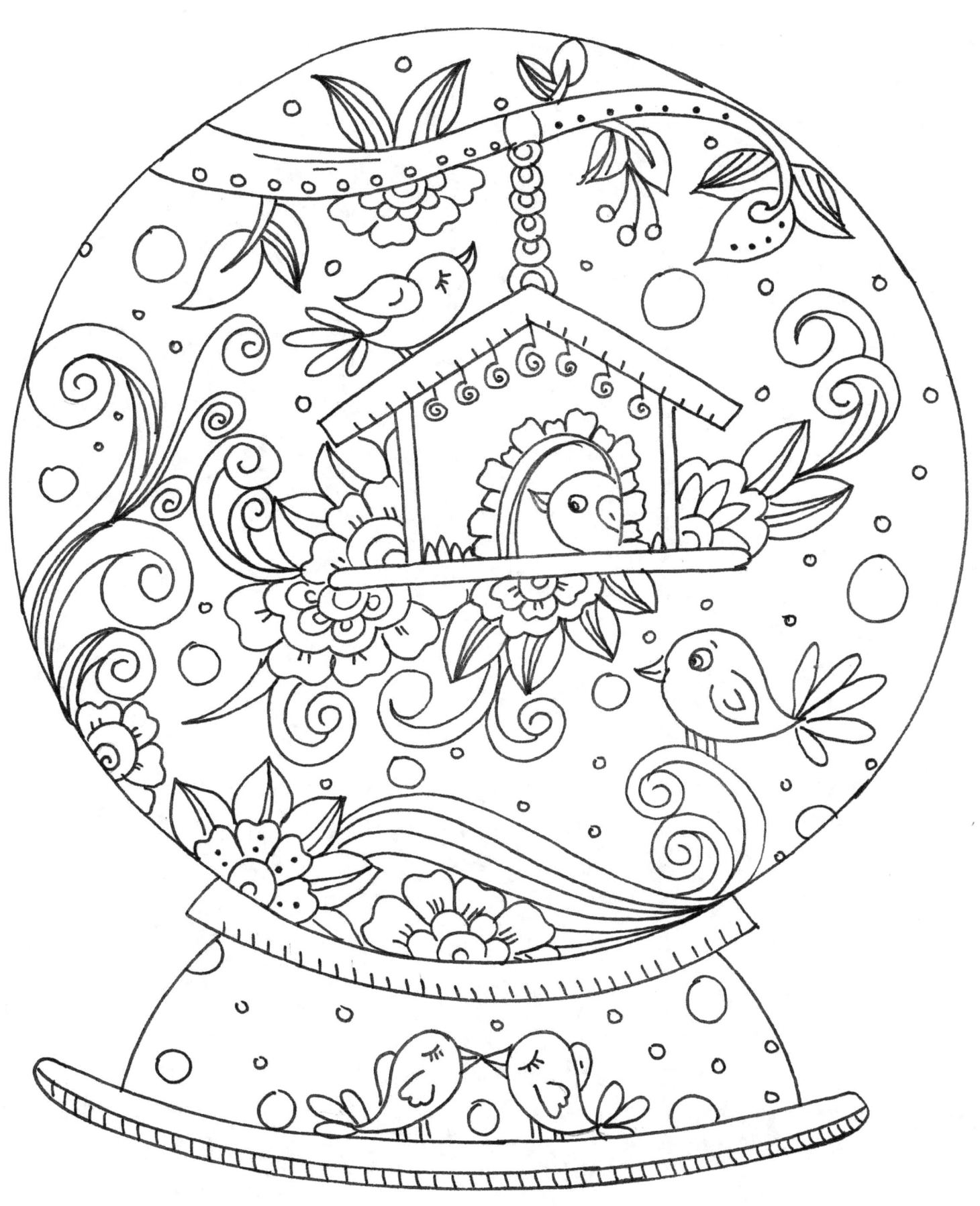

©RUCHI BHARGAVA

SNOW GLOBES

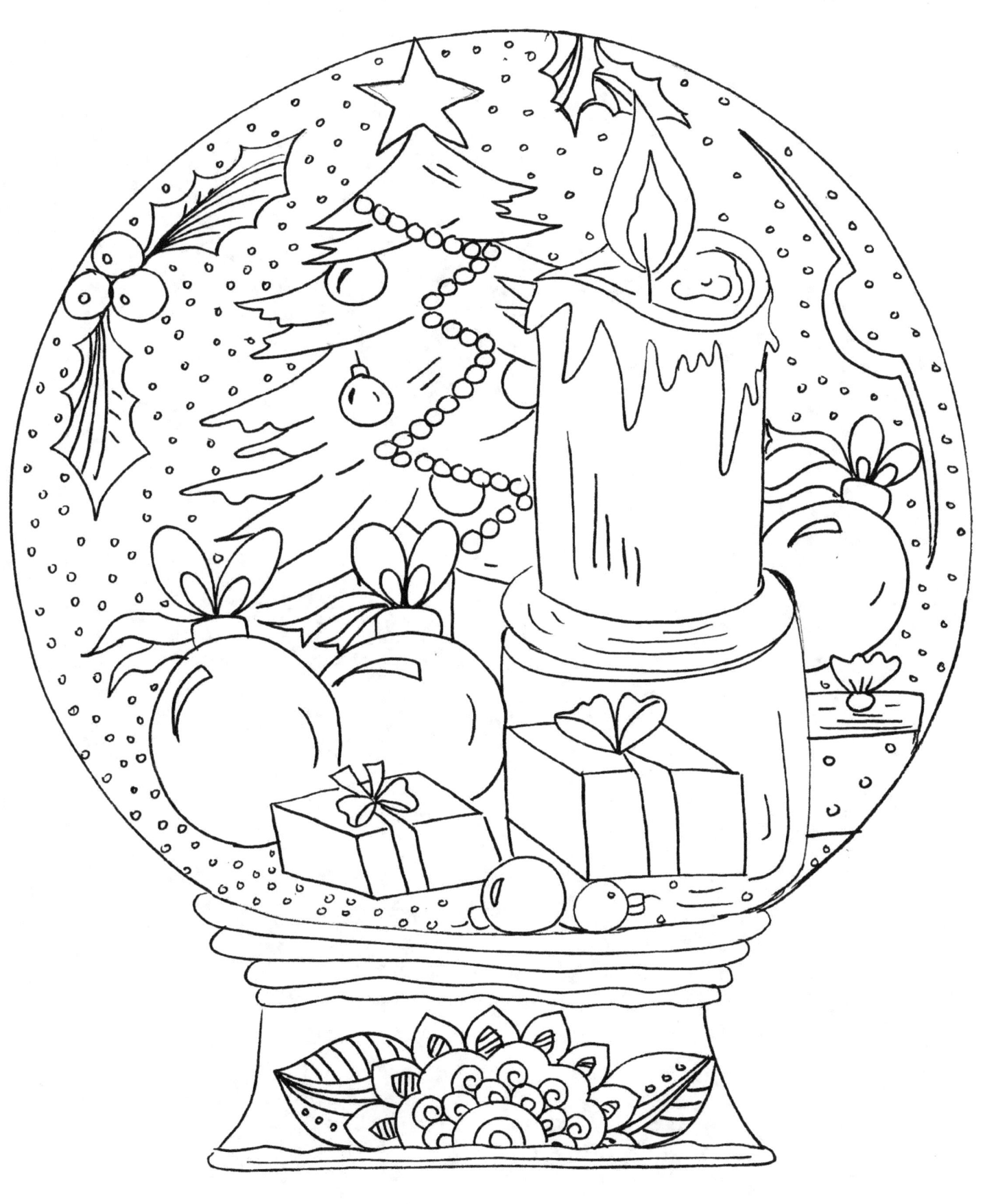

© RUCHI BHARGAVA

SNOW GLOBES

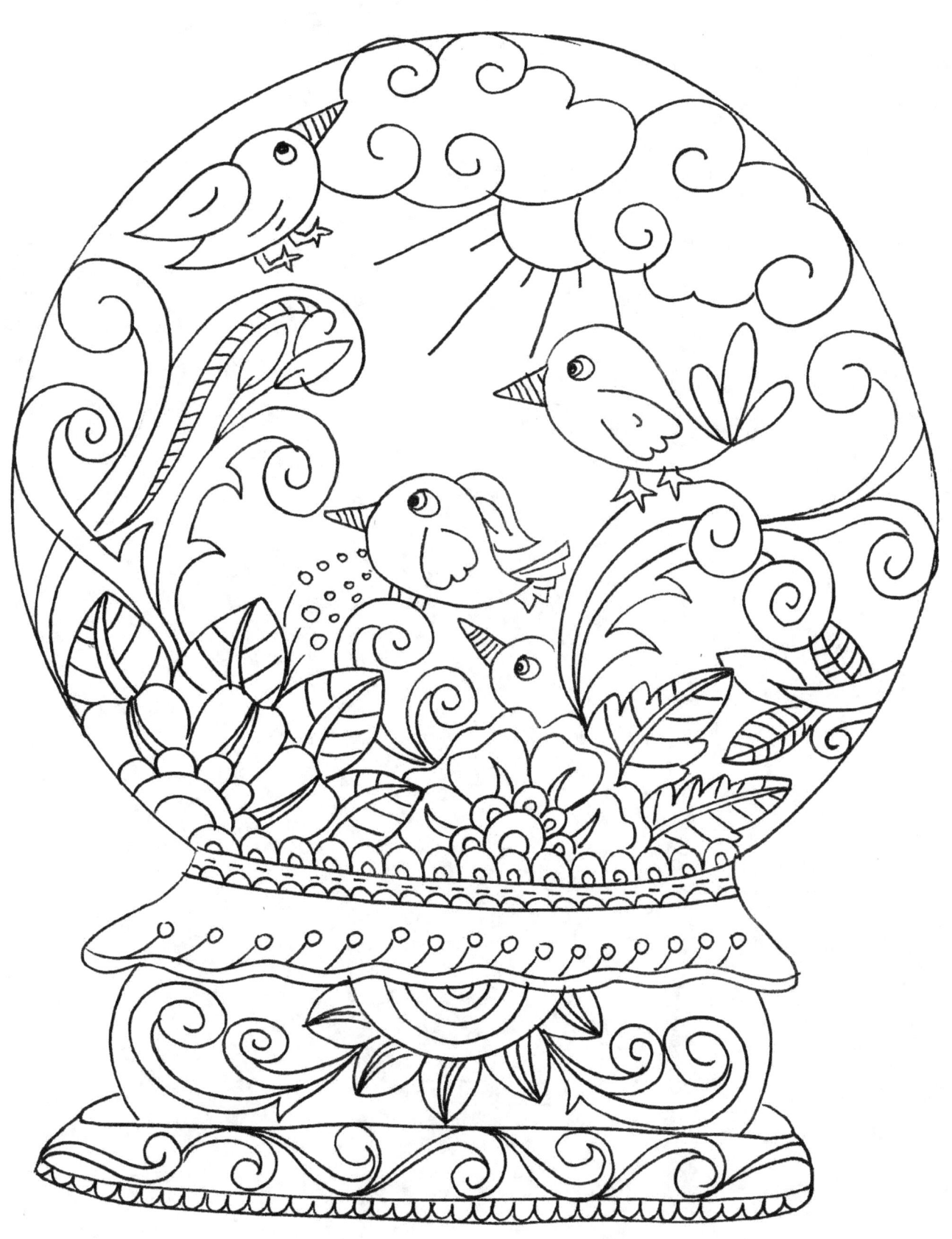

© RUCHI BHARGAVA

SNOW GLOBES

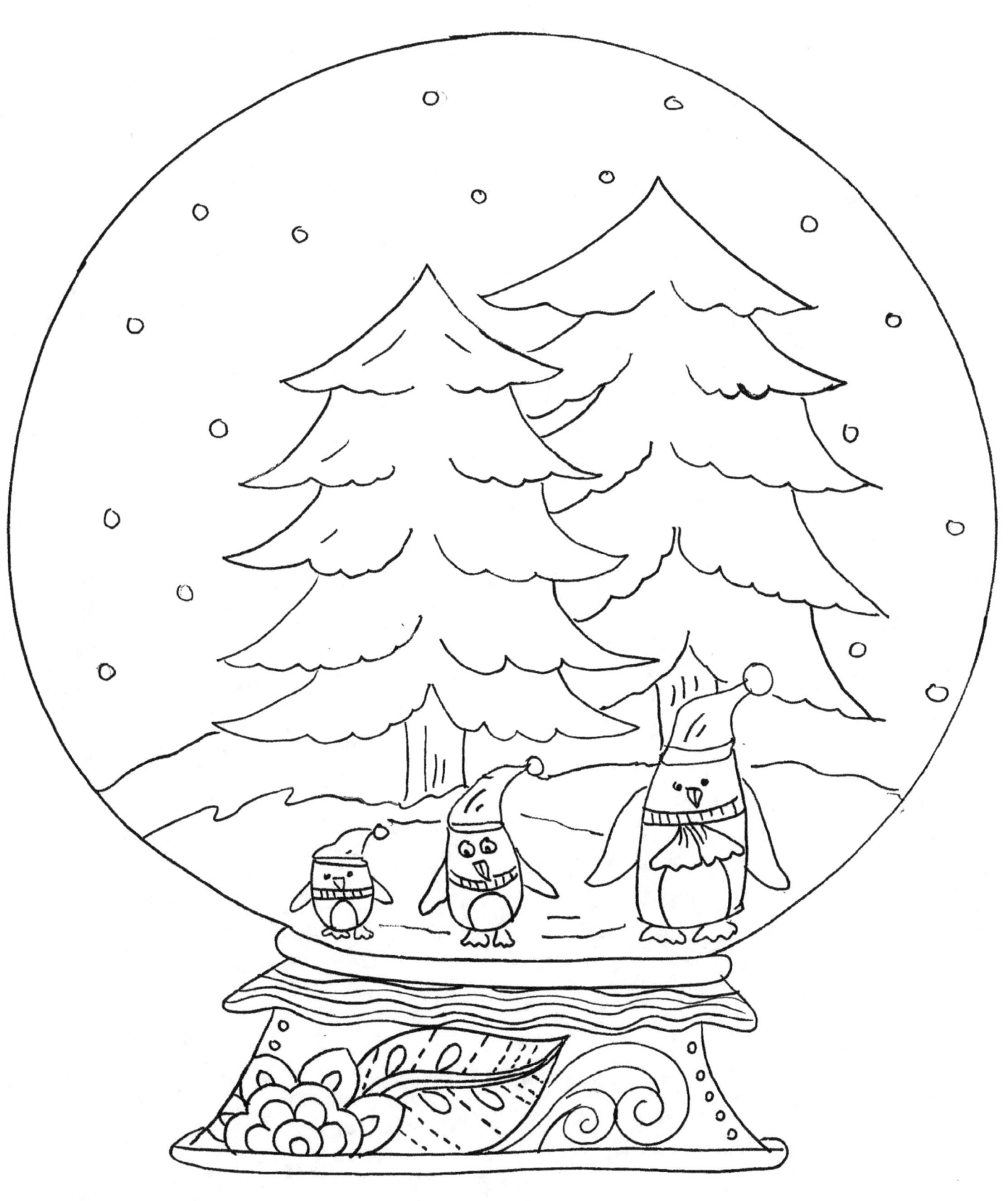

© RUCHI BHARGAVA

SNOW GLOBES

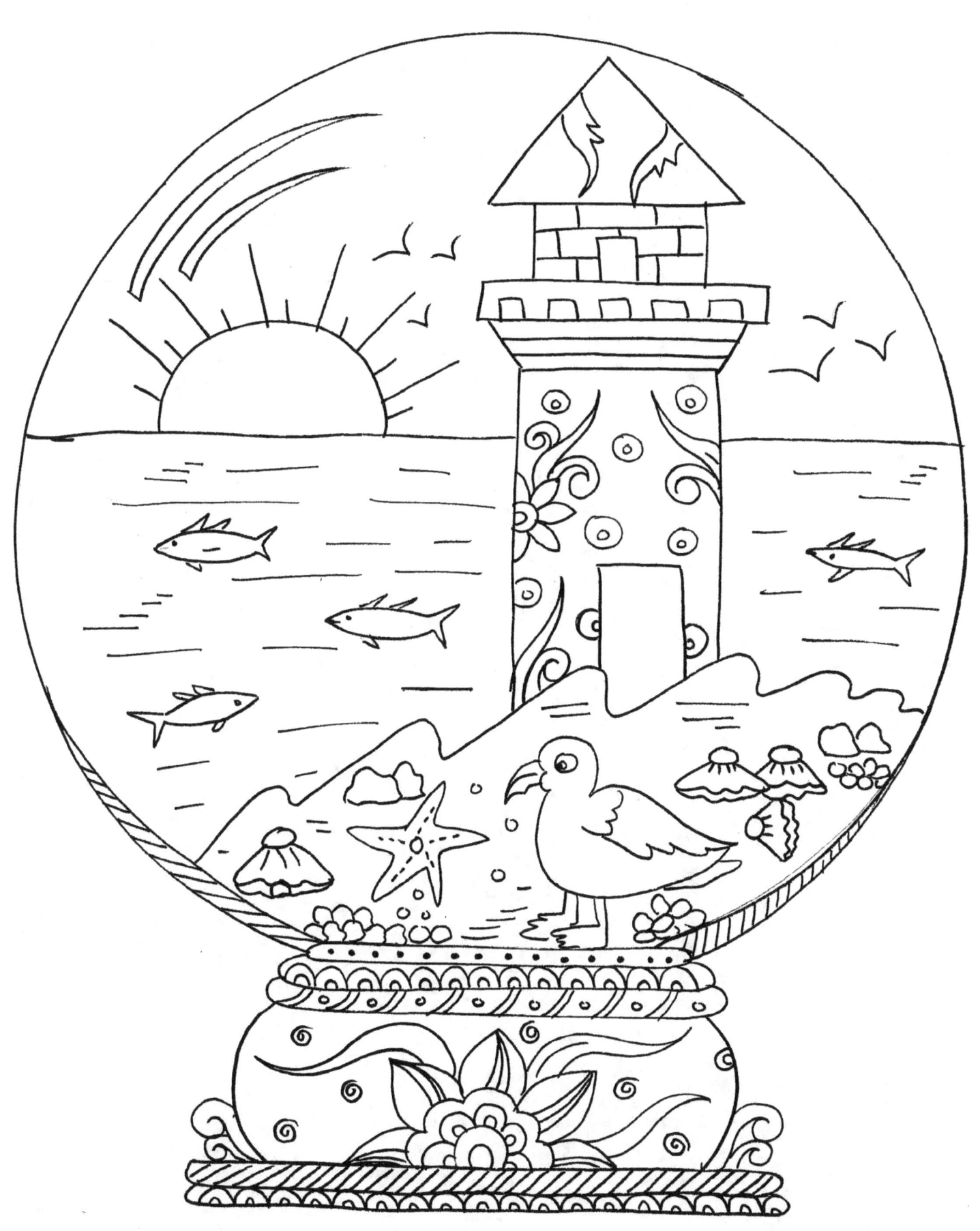

© RUCHI BHARGAVA

SNOW GLOBES

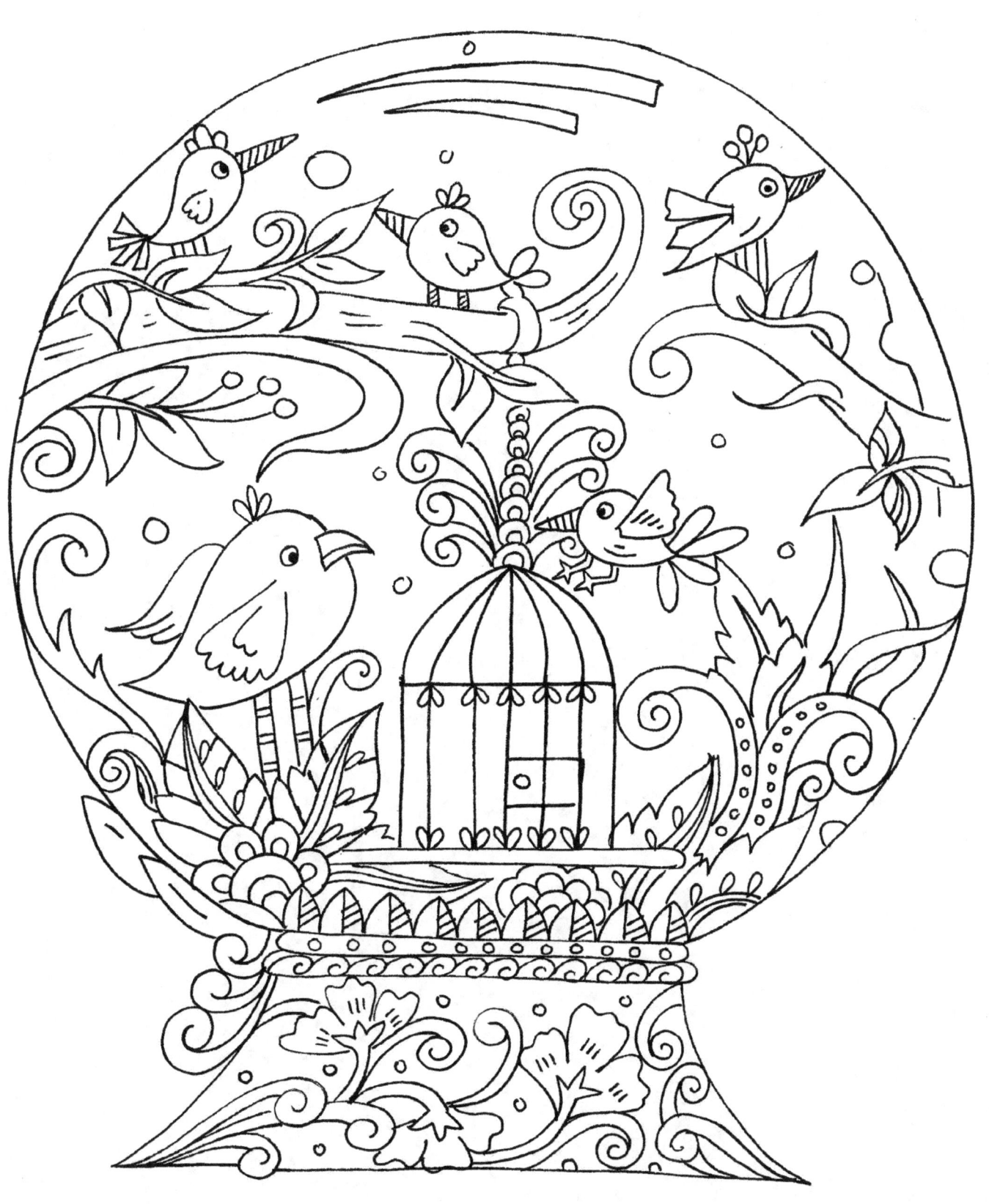

© RUCHI BHARGAVA

SNOW GLOBES

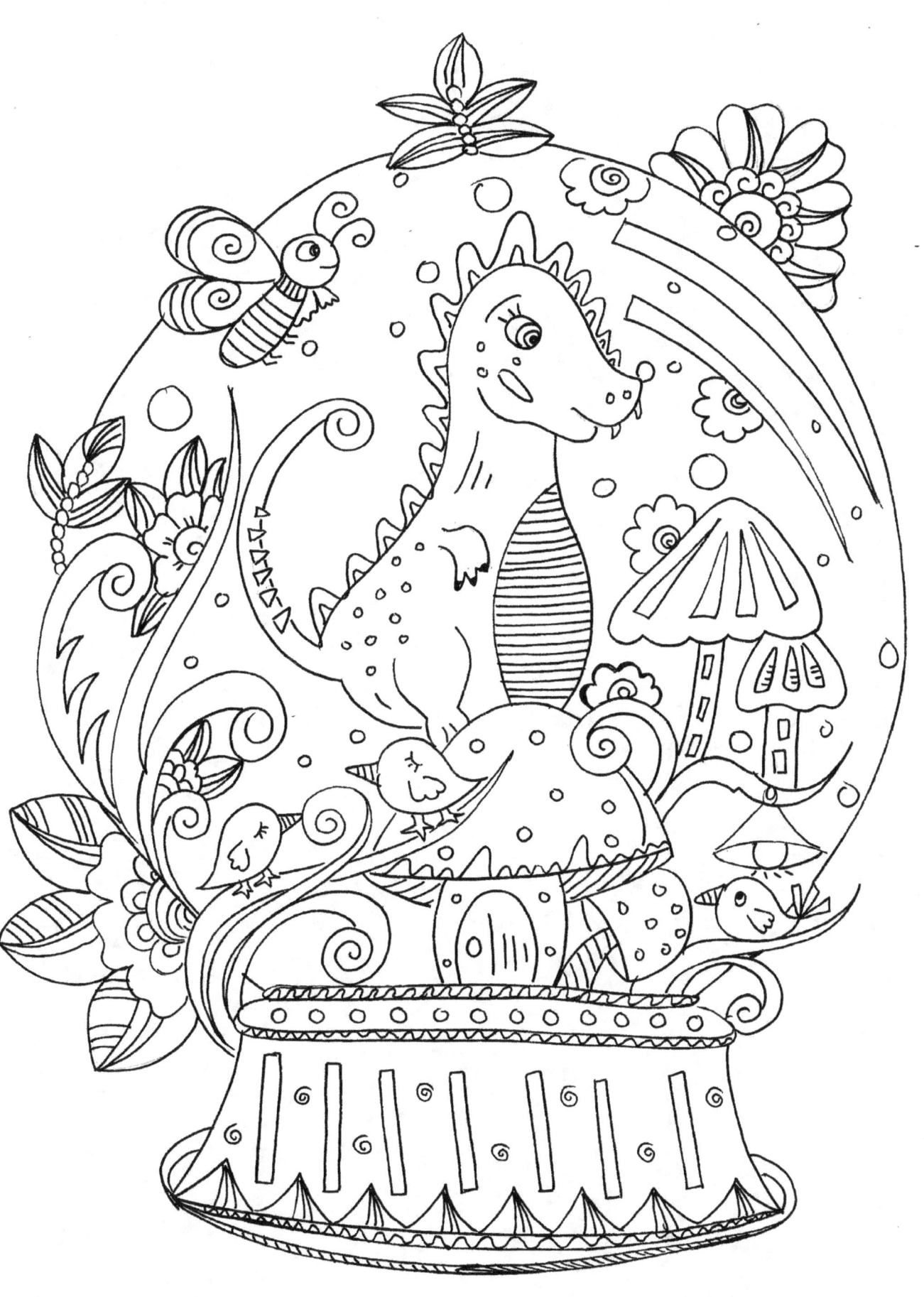

© RUCHI BHARGAVA

SNOW GLOBES

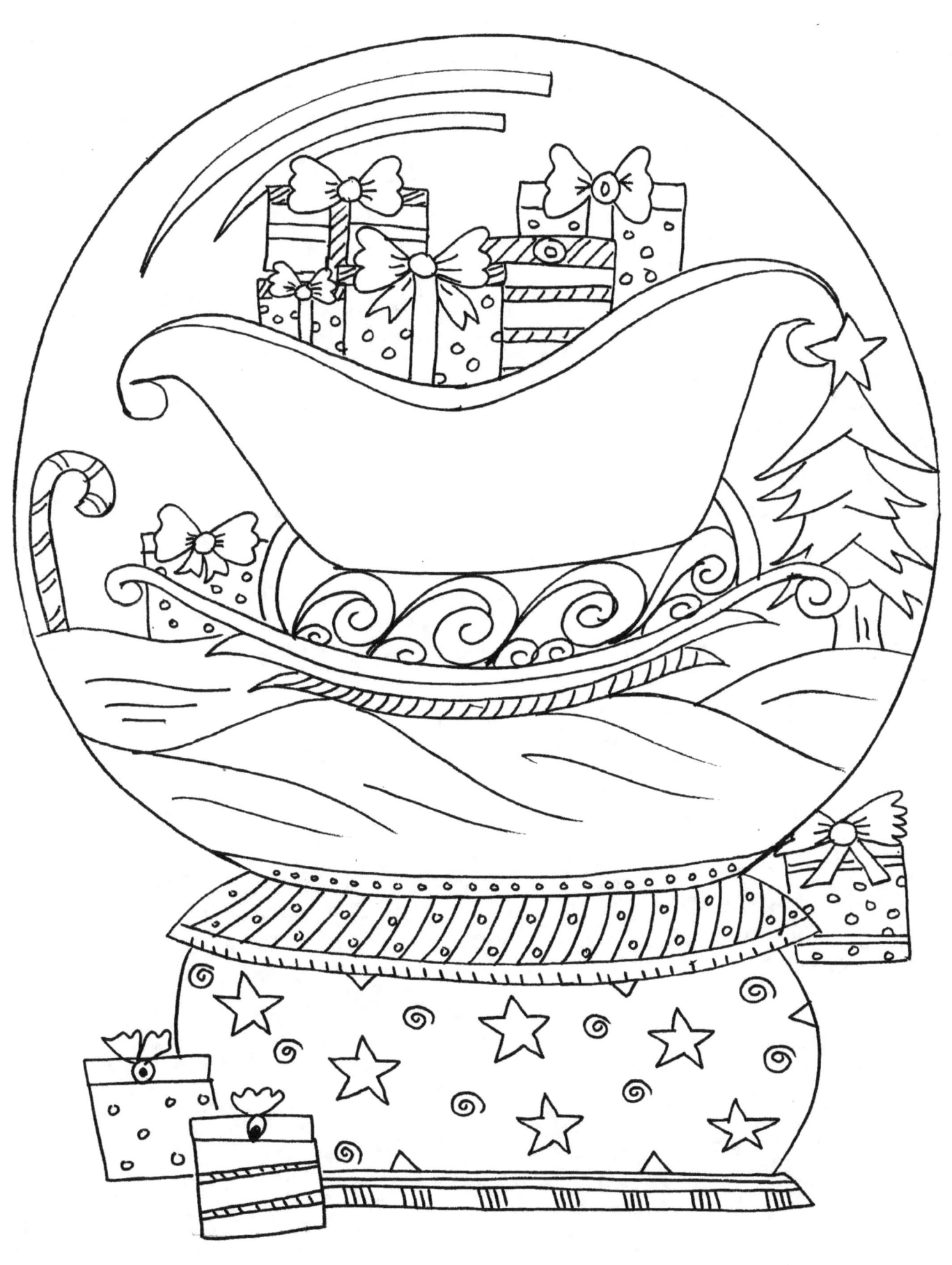

© RUCHI BHARGAVA

SNOW GLOBES

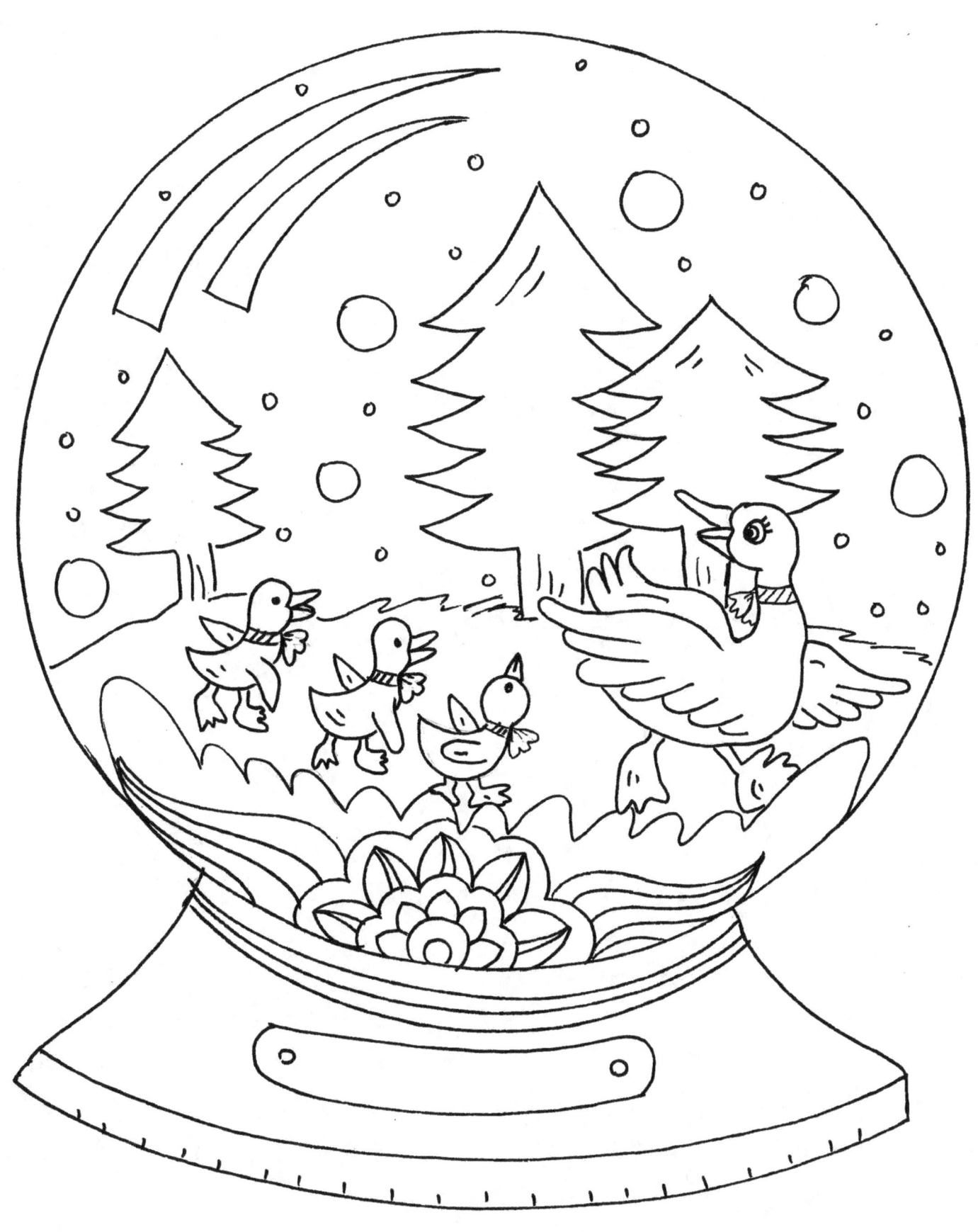

© RUCHI BHARGAVA

SNOW GLOBES

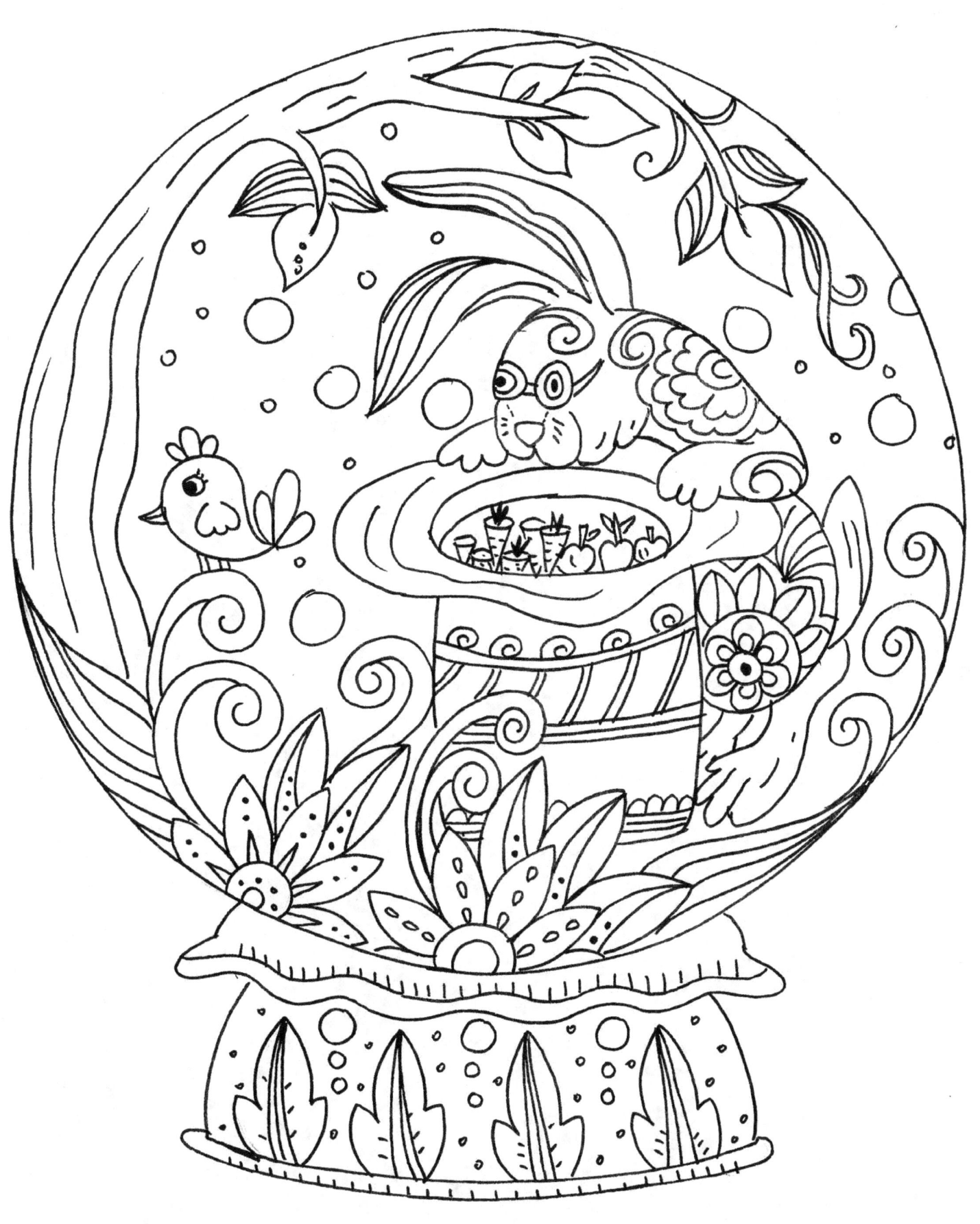

© RUCHI BHARGAVA

SNOW GLOBES

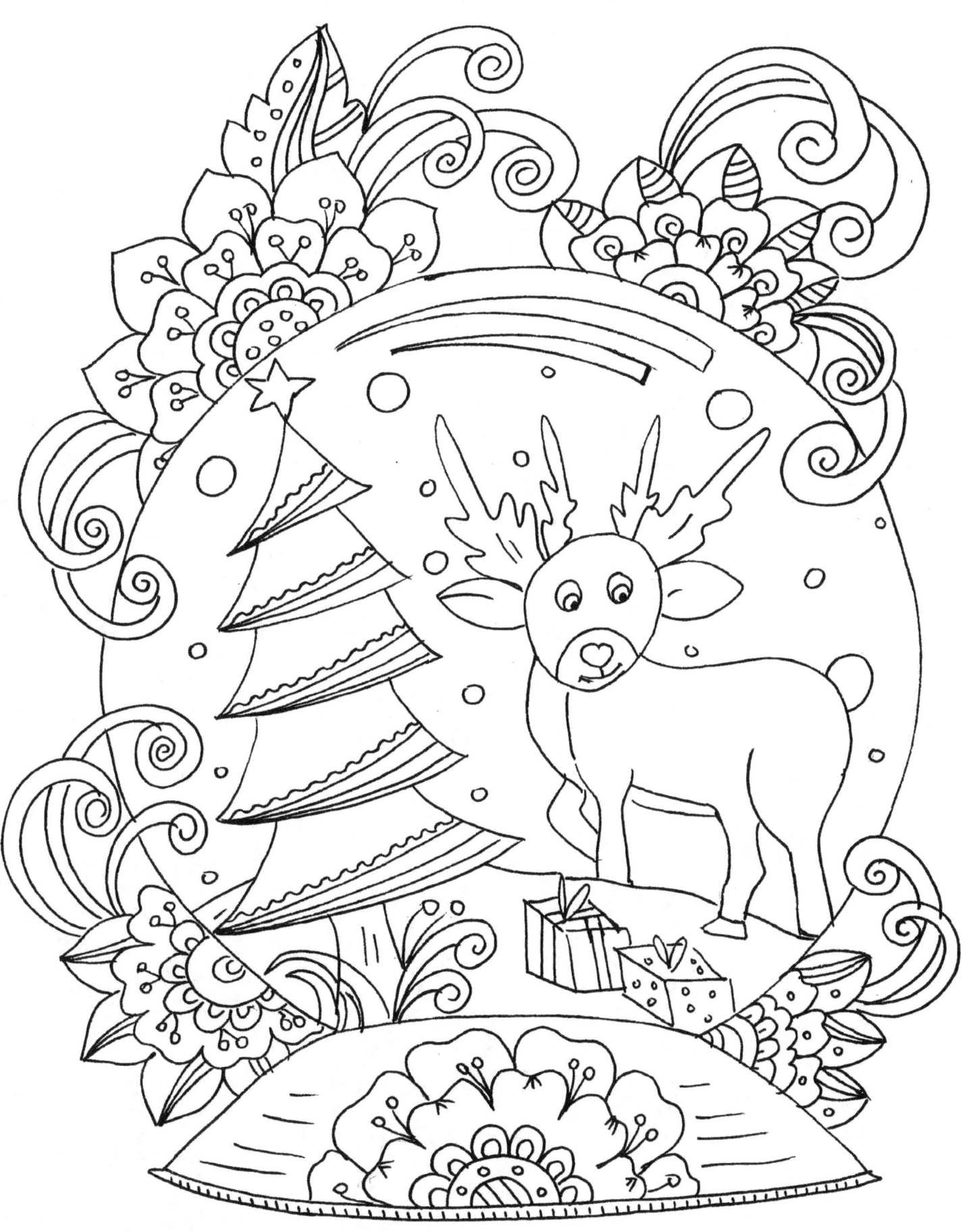

© RUCHI BHARGAVA

SNOW GLOBES

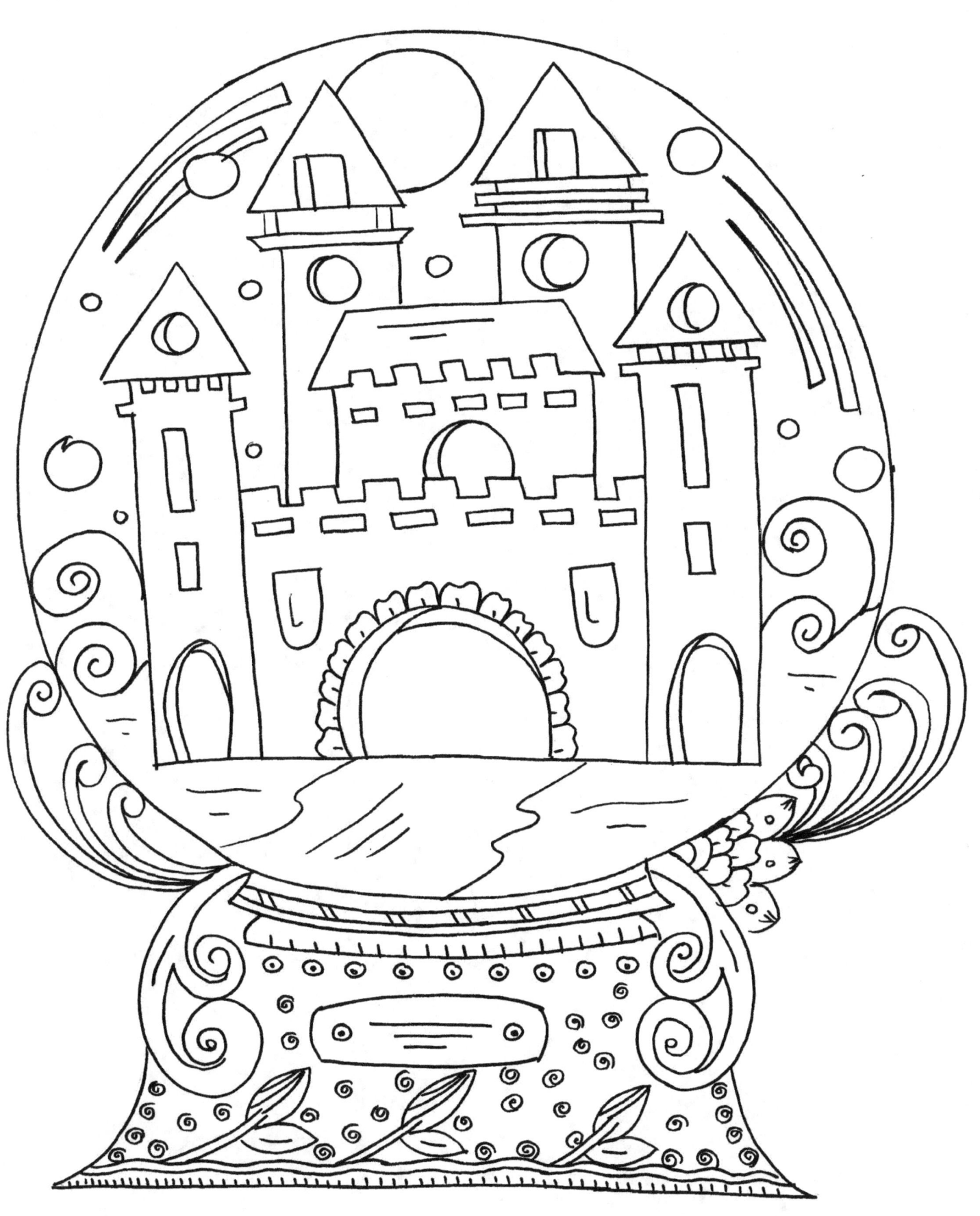

© RUCHI BHARGAVA

SNOW GLOBES

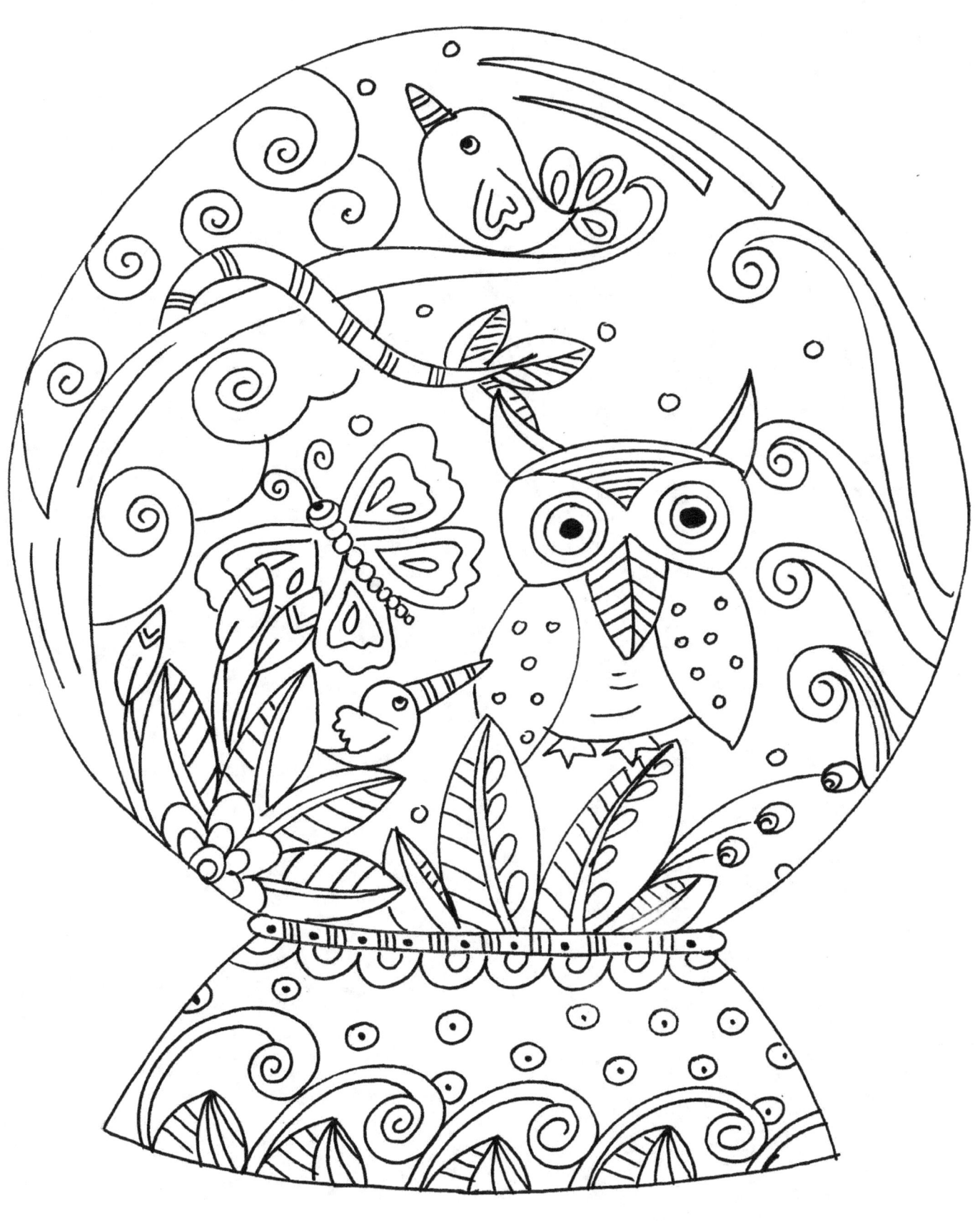

© RUCHI BHARGAVA

SNOW GLOBES

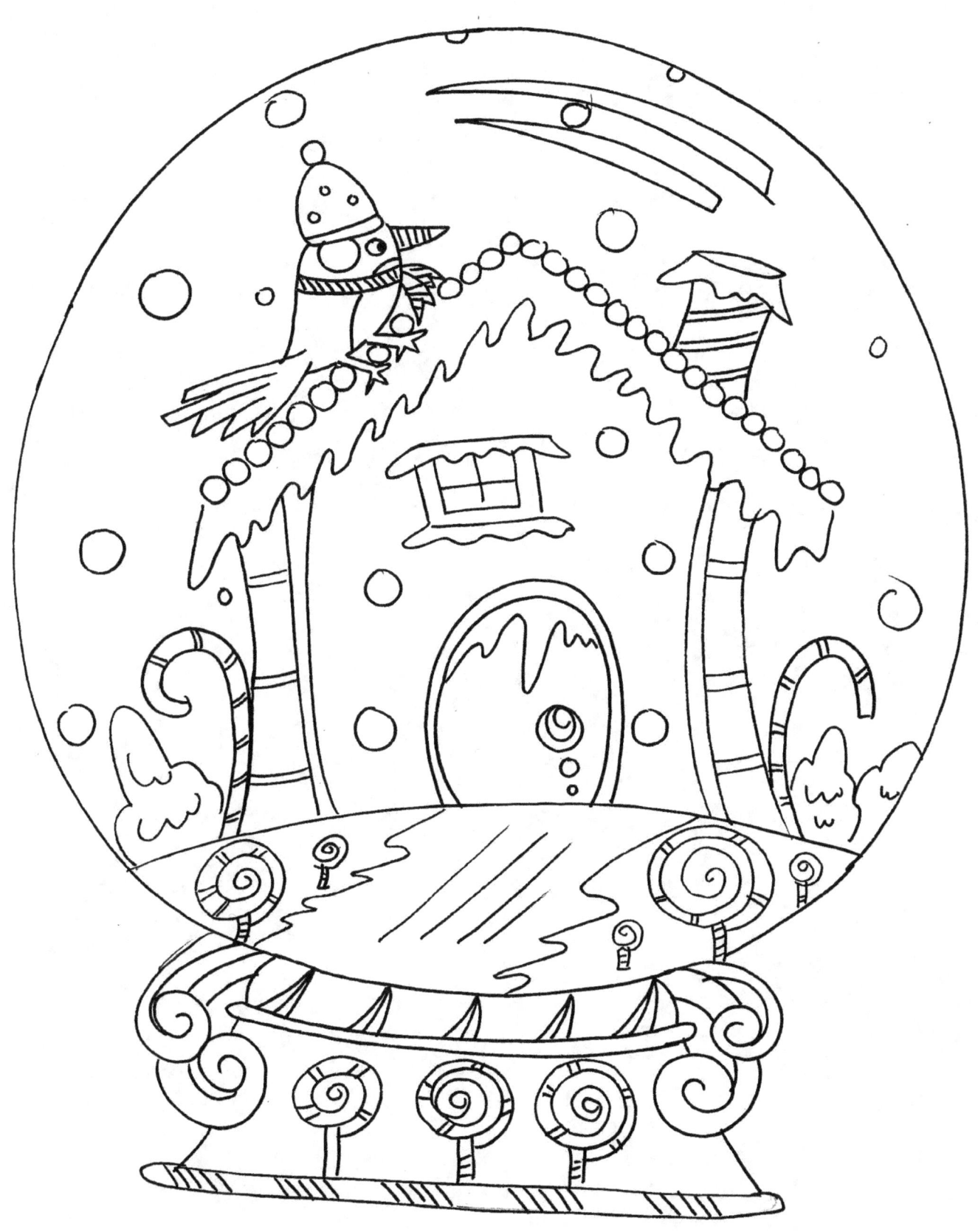

©RUCHI BHARGAVA

SNOW GLOBES

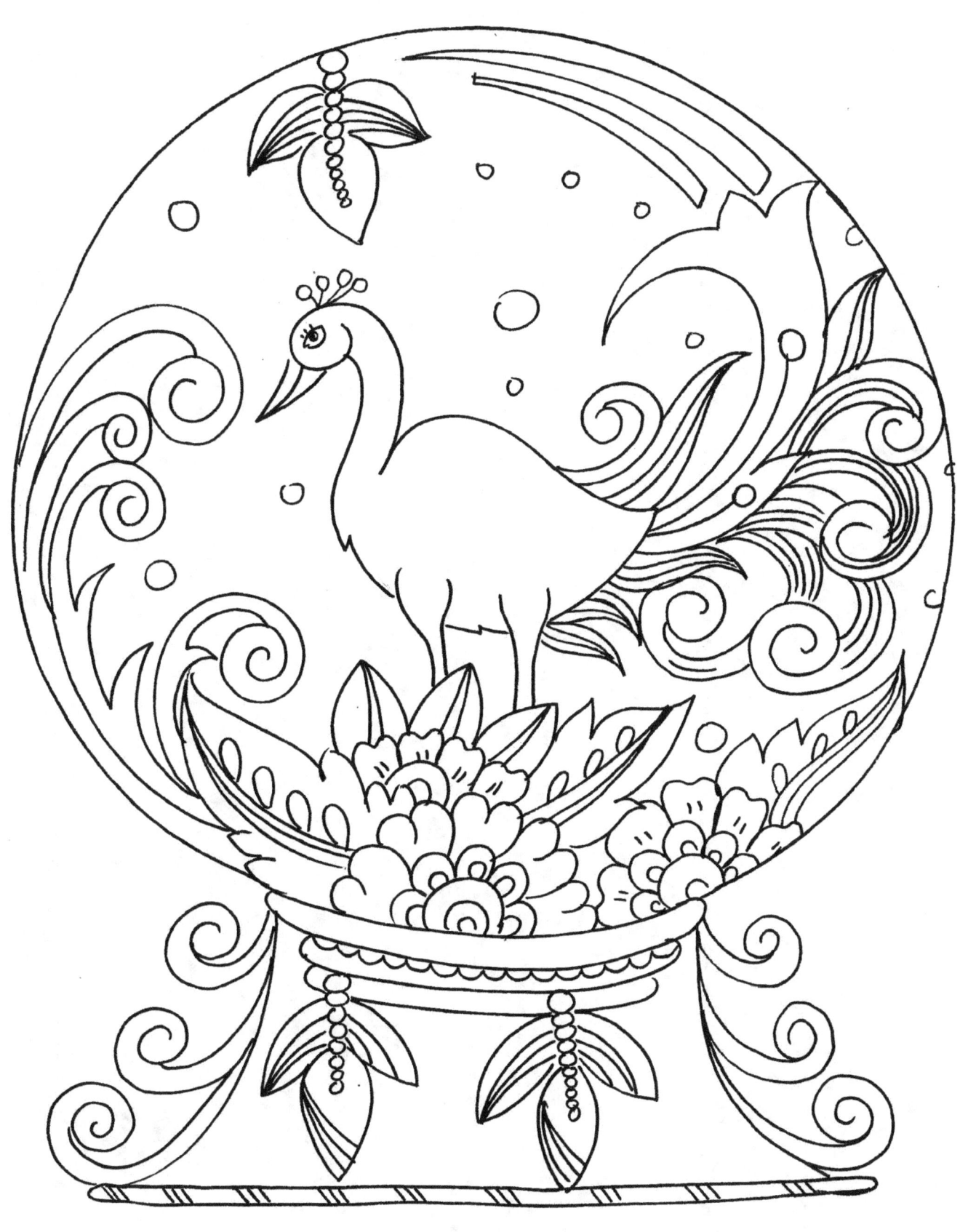

©RUCHI BHARGAVA

SNOW GLOBES

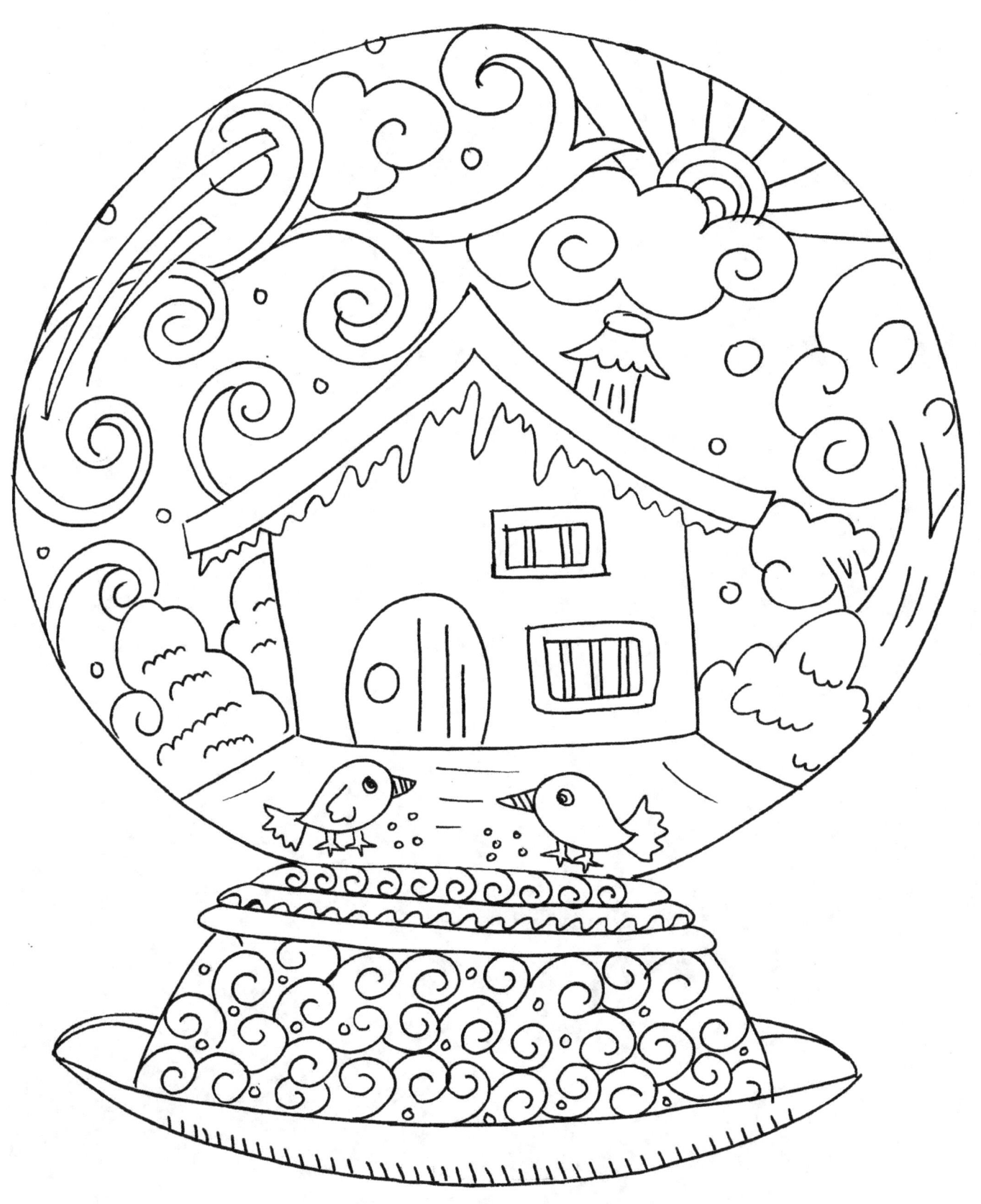

© RUCHI BHARGAVA

SNOW GLOBES

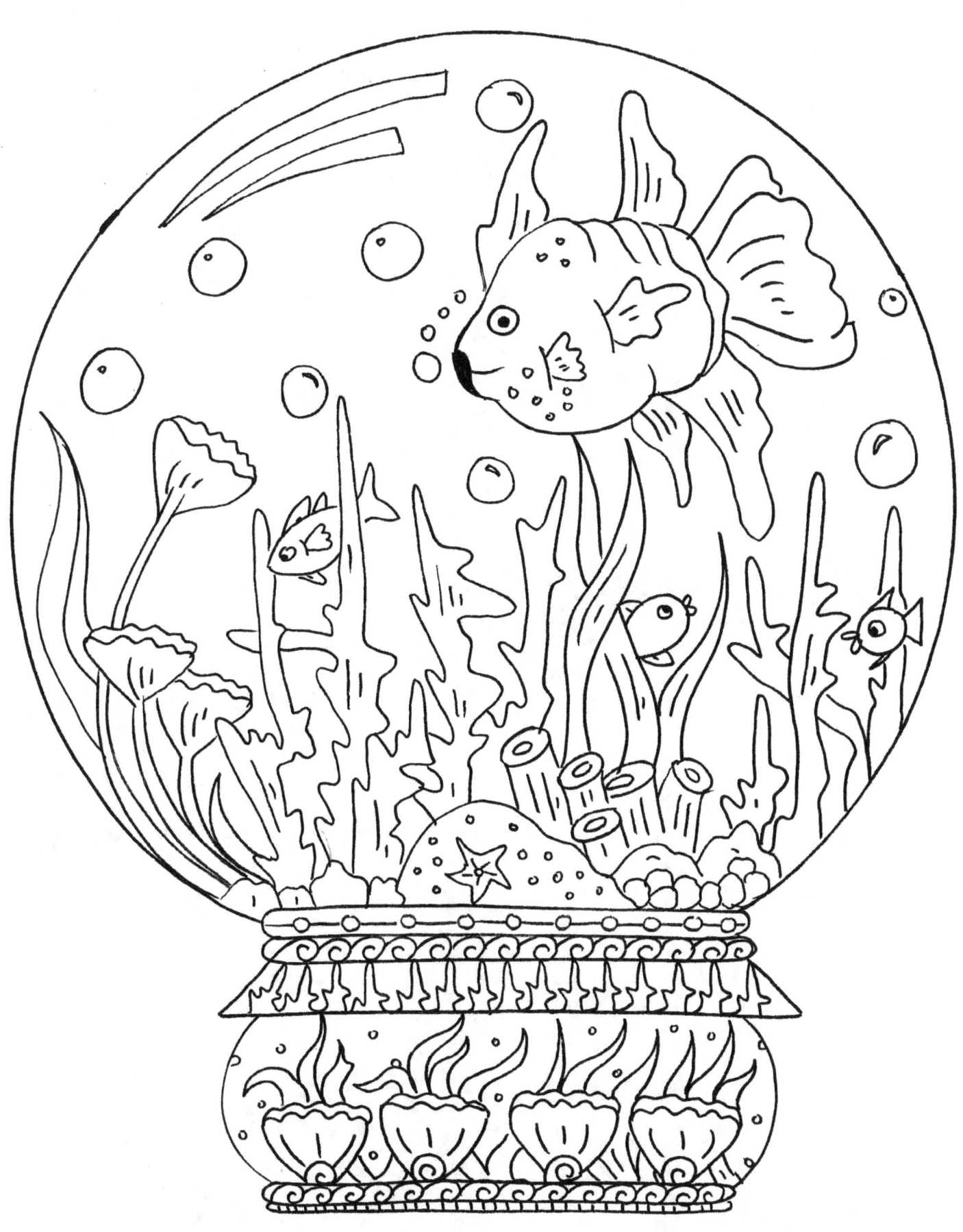

© RUCHI BHARGAVA

SNOW GLOBES

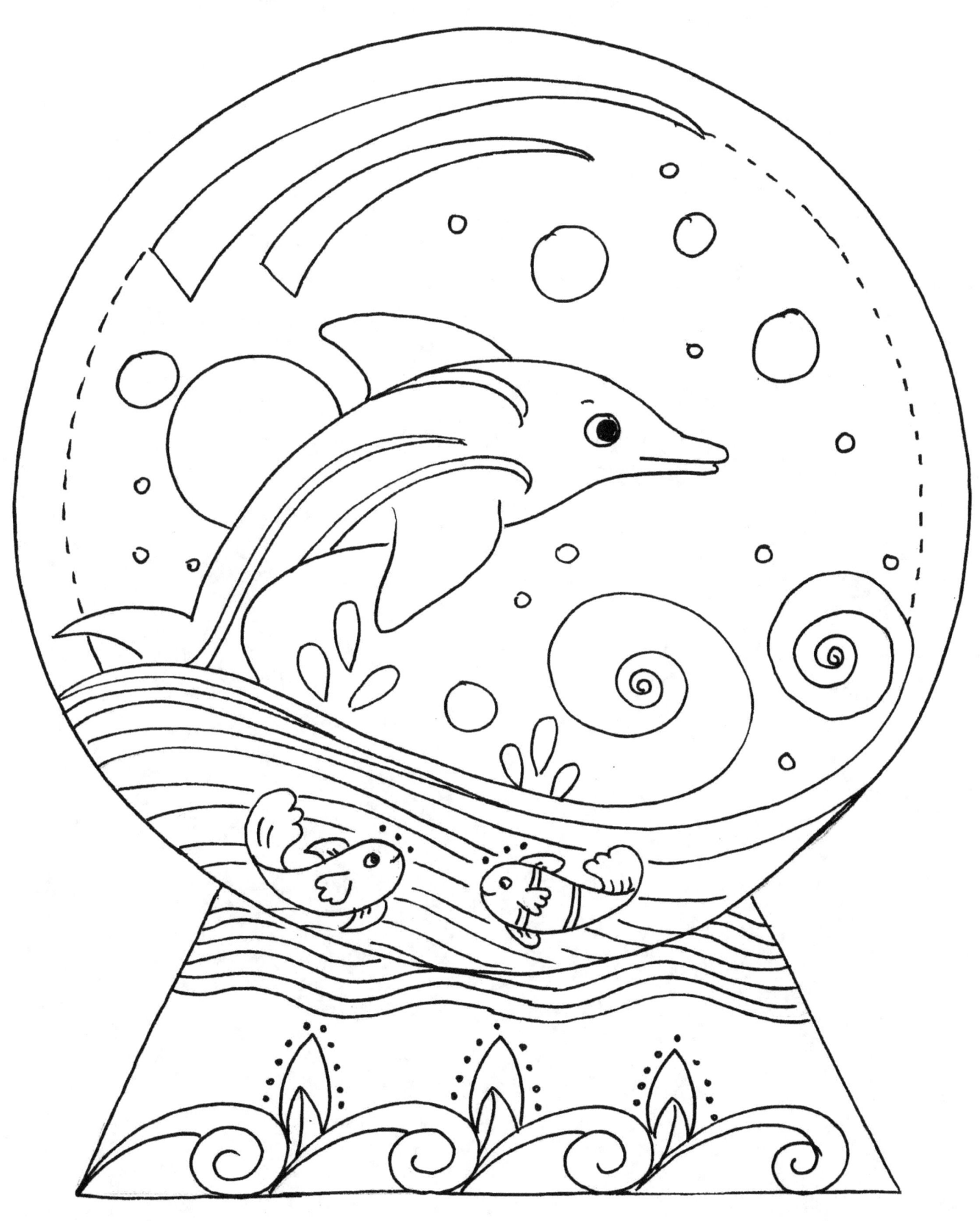

© RUCHI BHARGAVA

SNOW GLOBES

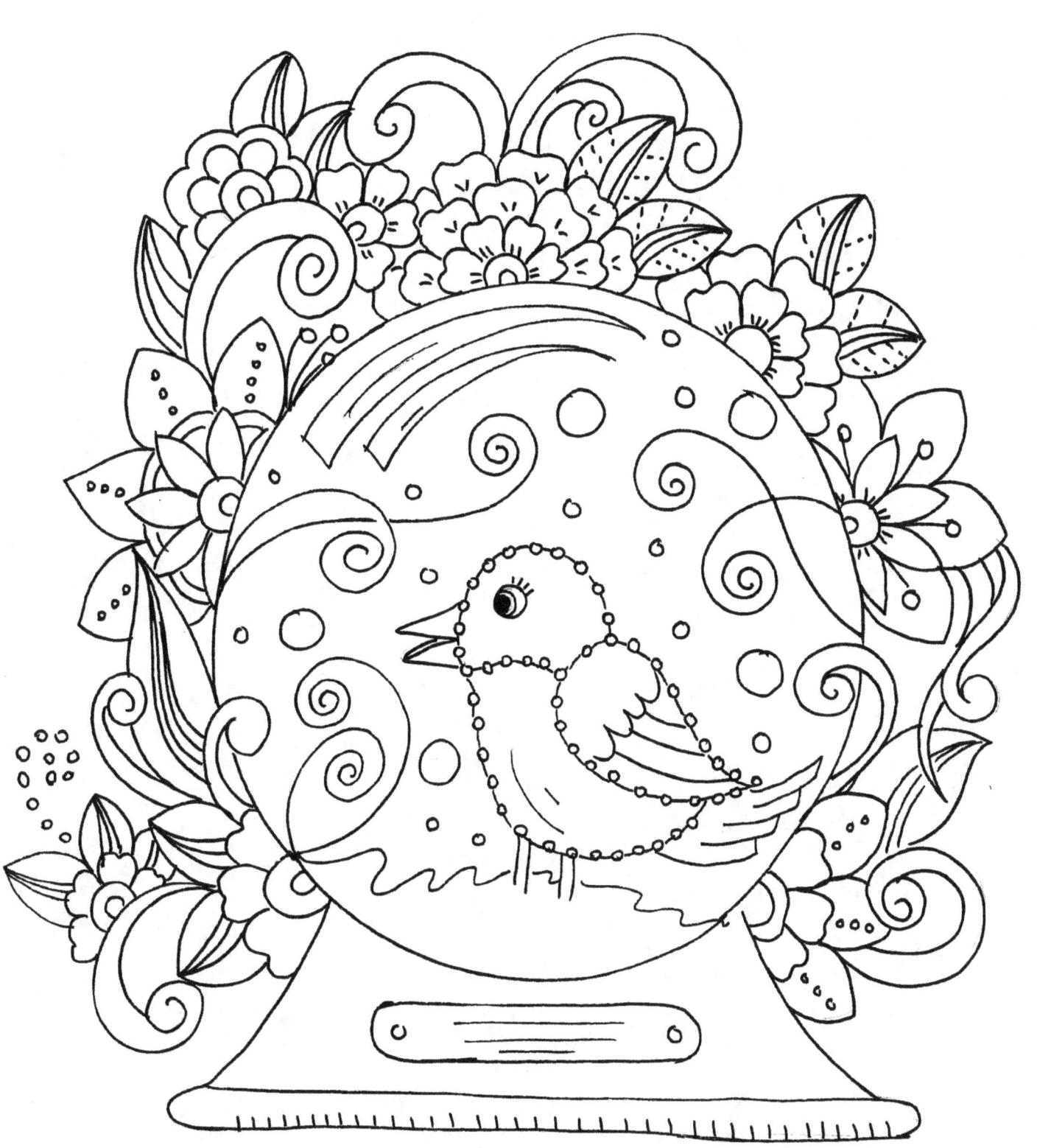

ⓒ RUCHI BHARGAVA

SNOW GLOBES

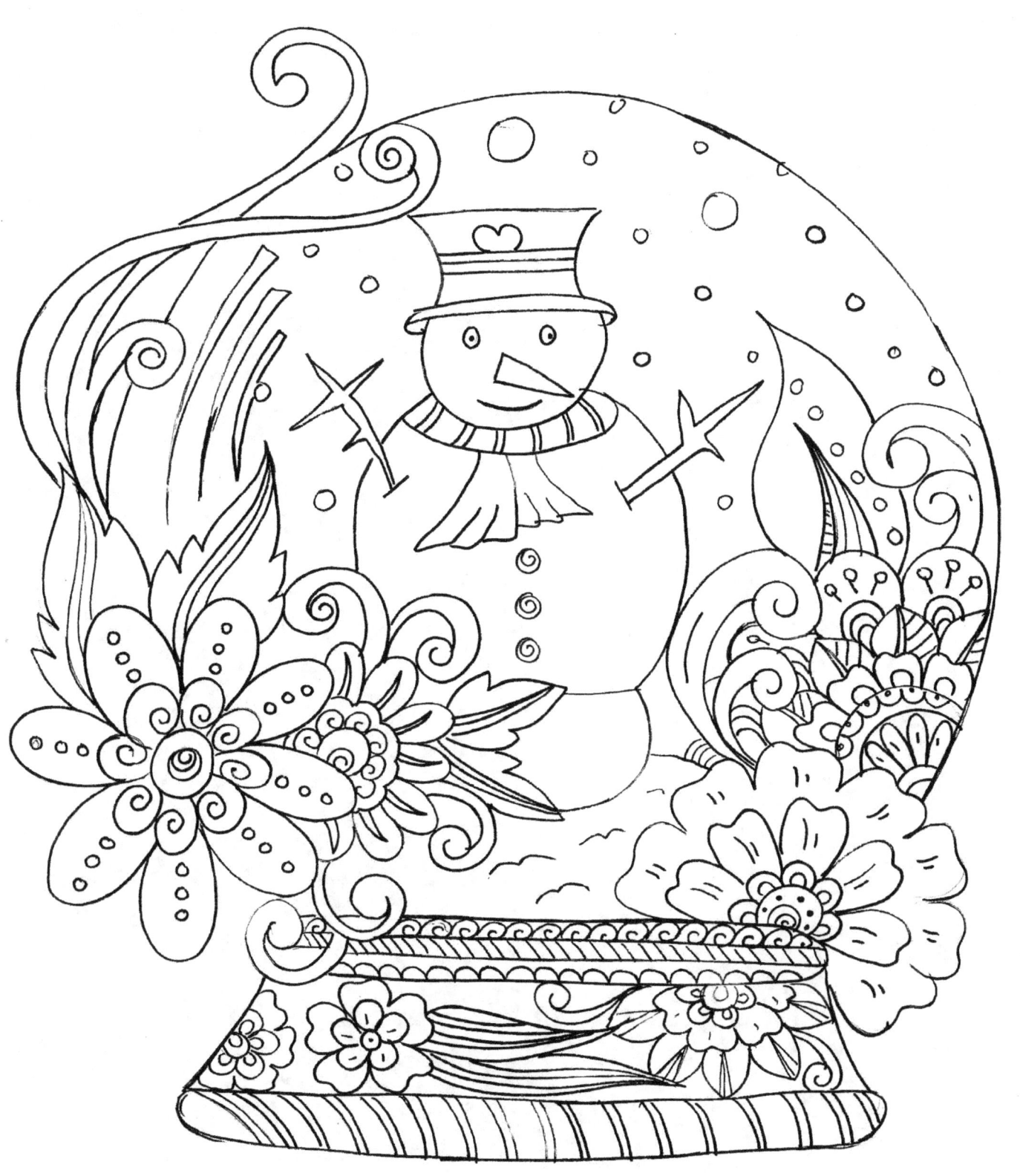

© RUCHI BHARGAVA

SNOW GLOBES

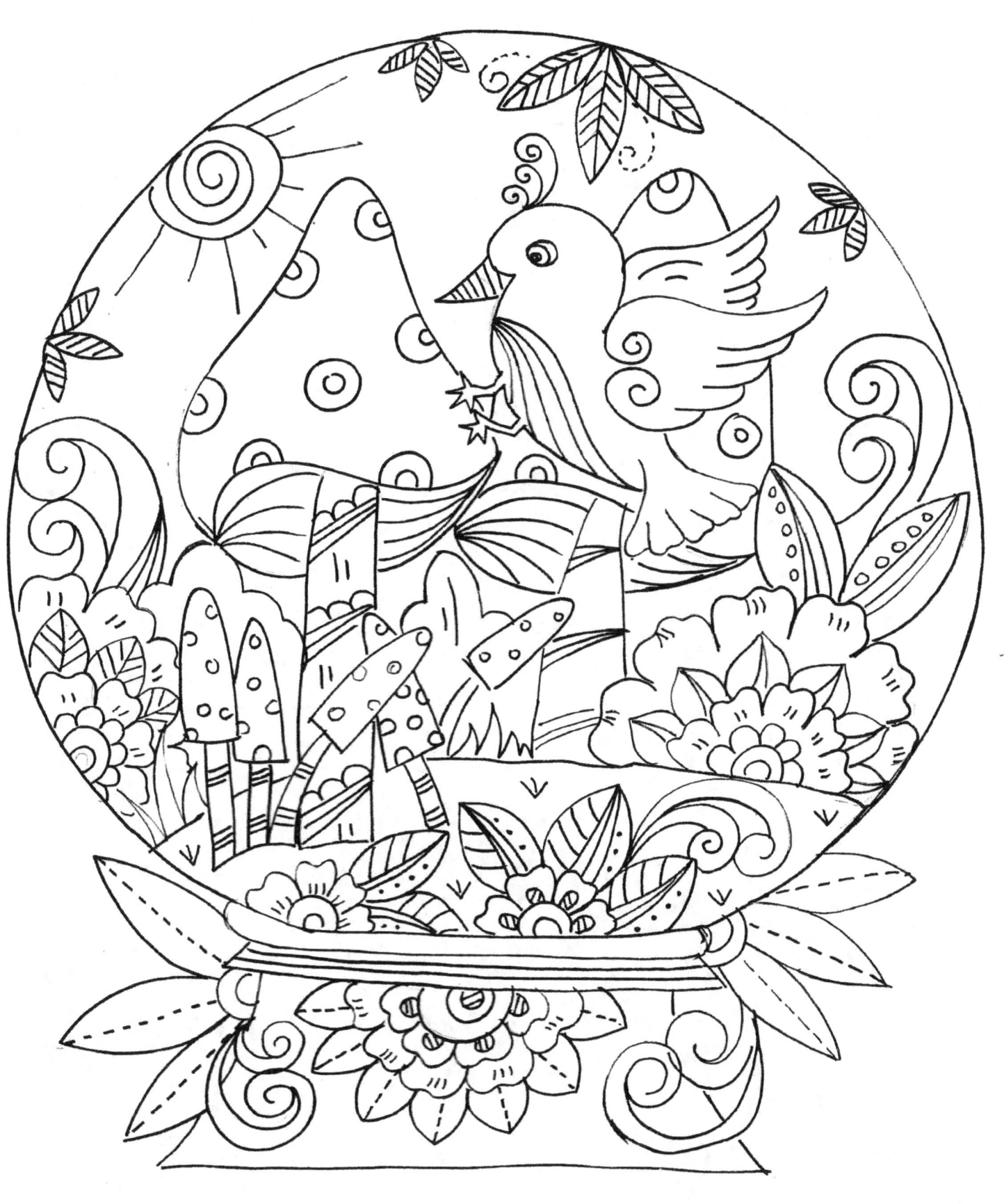

© RUCHI BHARGAVA

SNOW GLOBES

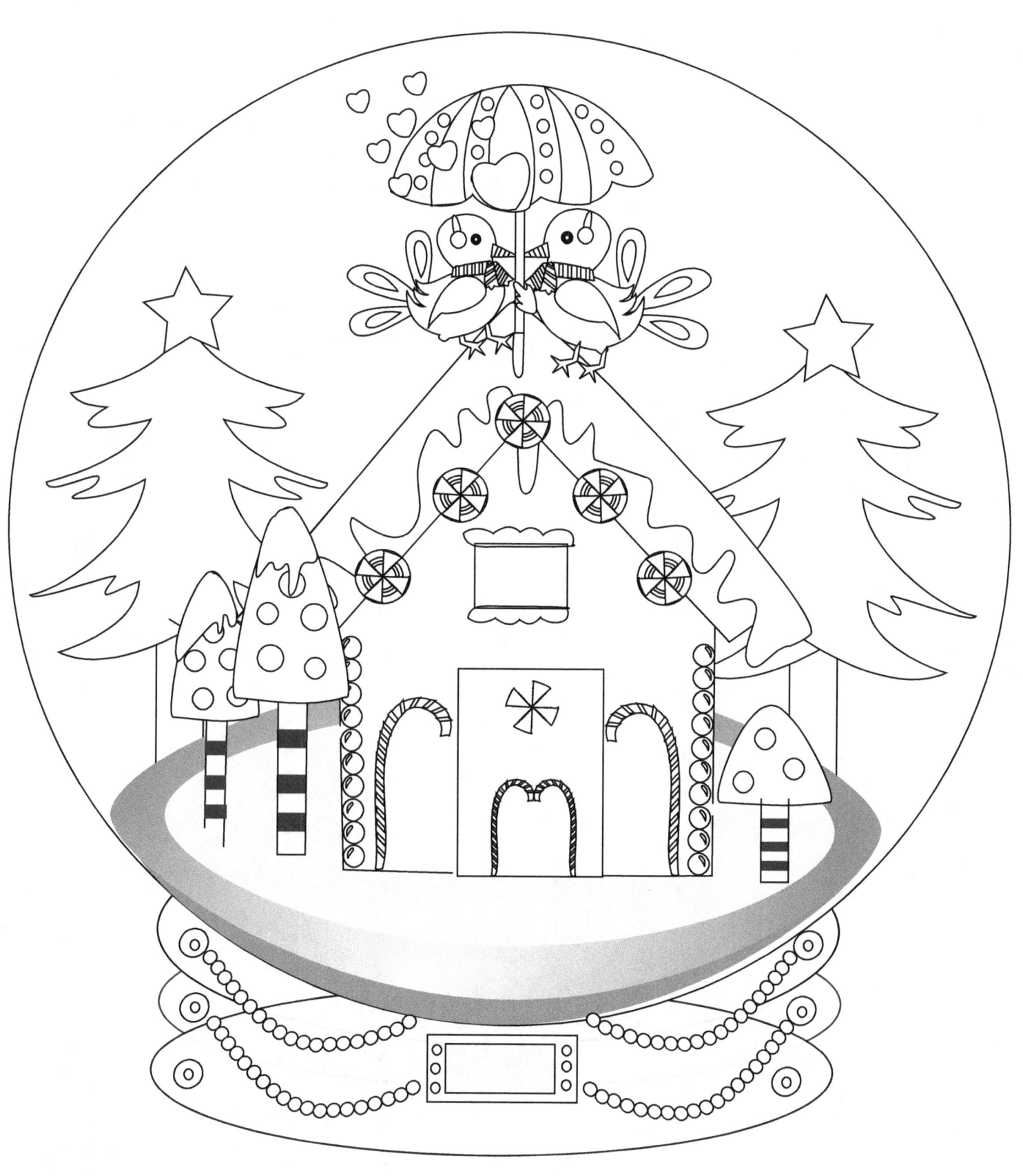

© RUCHI BHARGAVA   SNOW GLOBES

www.ingramcontent.com/pod-product-compliance
Lightning Source LLC
Chambersburg PA
CBHW081736220526

45468CB00008B/2117